Interpretación
de los **sueños**

Amat
editorial

Amat Editorial, sello editorial especializado en la publicación de temas que ayudan a que tu vida sea cada día mejor. Con más de 400 títulos en catálogo, ofrece respuestas y soluciones en las temáticas:

- Educación y familia.
- Alimentación y nutrición.
- Salud y bienestar.
- Desarrollo y superación personal.
- Amor y pareja.
- Deporte, fitness y tiempo libre.
- Mente, cuerpo y espíritu.

E-books:
Todos los títulos disponibles en formato digital están en todas las plataformas del mundo de distribución de e-books.

Manténgase informado:
Únase al grupo de personas interesadas en recibir, de forma totalmente gratuita, información periódica, newsletters de nuestras publicaciones y novedades a través del QR:

Dónde seguirnos:

 | **@amateditorial**

  | **Amat Editorial**

Nuestro servicio de atención al cliente:
Teléfono: **+34 934 109 793**
E-mail: **info@profiteditorial.com**

SILVIA C. LAPEÑA

Interpretación de los sueños

Cómo DESCODIFICARLOS
y entender su SIGNIFICADO

Amat
editorial

© Silvia C. Lapeña Vicent, 2008
© Profit Editorial I., S.L., 2008
   Amat Editorial es un sello de Profit Editorial I., S.L.
   Travessera de Gràcia, 18-20, 6.º 2.ª. 08021 Barcelona

Diseño de cubierta: XicArt
Maquetación: Zero pre impresión, S.L.

ISBN: 978-84-19870-18-6
Depósito legal: B 15775-2023

Impresión: Gráficas Rey
Impreso en España – *Printed in Spain*

Índice

1

Introducción

Muchas veces habrán oído los interesados en la interpretación de los sueños que de poco valen los diccionarios que pretenden dar un sentido exacto a cada sueño o imagen concreta. Y es cierto. Para empezar habría que decir que la edad, el contexto histórico y social, el sexo o las experiencias vitales de cada lector pueden ser claves para acabar de darle sentido al lenguaje simbólico del que se sirven los sueños para enviarnos mensajes.

A lo largo de toda la historia de la Humanidad el hombre ha manifestado su interés por saber qué es lo que querían decir unos relatos oníricos a los que muchas veces se les ha dado el don de la premonición. Libros, textos, fragmentos en los que se intenta dar una explicación al fenómeno onírico son la prueba física del interés que otros, antes que nosotros, mostraron por un tema tan apasionante.

El lenguaje simbólico es, decía Erich Fromm, universal. En el lenguaje simbólico no son ni el espacio ni el tiempo las coordenadas predominantes, sino la asociación y la intensidad. Las escenas que vemos en los sueños son los símbolos de algo que sentimos y que, de alguna manera, ocultamos durante la vigilia. Para Fromm, la mayoría de los símbolos son comunes a todas las culturas, así el agua o el fuego tienen parecidos significados entre civilizaciones muy dispares. Fromm dice que las variaciones entre ellas son mínimas y habla de «dialectos del lenguaje simbólico». Es obvio que una persona que ha tenido la experiencia de ver incendiarse su hogar tendrá una percepción del fuego distinta de otra que no lo ha tenido y, en ese caso, es probable que en su relato nocturno prevalezca su experiencia vital en lugar del simbolismo compartido por la mayor parte de la Humanidad.

A lo largo de estas páginas, el lector verá la importancia que tiene encontrar un equilibrio que le ayude a hallar el verdadero sentido de los símbolos oníricos. La tarea no es sencilla porque hallar la clave que provoca un sueño es quizá lo más complicado de determinar y sin ella, el análisis que hagamos del relato puede ser completamente erróneo. ¿Cuándo es un sueño un simple temor que se oculta durante la vigilia? ¿Cuándo tiene una interpretación puramente física o puramente psicológica? Para hallar claves fiables es importantísimo encontrar una mezcla adecuada y ponderada entre el pasado, el presente, la personalidad del soñante y el hecho real que puede motivar todo el caudal simbólico que se desarrolla en los sueños.

En los sueños es como si el que sueña pusiera una lupa de muchos aumentos en aquellas cosas que le preocupan, le angustian o simplemente desea. Y esa lupa puede convertir en enormes cosas que en realidad tienen un peso menor en nuestra vida cotidiana. Lo importante, por tanto, son los indicios, las señales que nos da el sueño, no darle una interpretación exacta y dogmática.

Por ese motivo, no suelen servir los diccionarios que pretenden dar respuestas cerradas a sueños que, por muy simples que nos parezcan, suelen ser muy complejos. Como decía el escritor naturalista del siglo XIX, Ralph Waldo Emerson: «Los hombres prudentes se leen los sueños para conocerse a sí mismos; pero no los detalles, sino el valor». De ahí la acertada distinción que hace el mismo Erich Fromm entre «interpretación» y «comprensión» de los sueños. Partiendo de la base de que el lenguaje simbólico es compartido universalmente, lo que necesitamos no es interpretar, como si habláramos de una lengua extranjera desconocida. Lo importante no es traducir, sino comprender y comprendernos. Y esta idea enlaza de nuevo con la necesidad de tener en cuenta muchos factores que rodean al soñante y no quedarnos con una explicación cerrada que es posible no se ajuste a los miedos, deseos o experiencia vital del narrador, o lo que es lo mismo, del soñante.

Funciones de los sueños

Para Luis Cencillo, reconocido psicólogo, soñar tiene funciones, sirve para algo. Una de esas funciones, posiblemente la más importante, es la función cognitiva, la que nos proporciona conocimiento. Gracias a los sueños sabemos cosas que de otro modo nos pasarían inadvertidas: relaciones con la propia realidad o identidad, sobre las relaciones afectivas, estado de nuestras propias energías y sus tensiones e incluso la razón de las mismas, deseos o tendencias secretas. Cencillo es terapeuta y atribuye una función sanativa a ese conocimiento, ya que muchas veces encontrar el origen de las tensiones o los traumas, en este caso a través de los sueños, es el primer paso para poder erradicarlos.

No hay duda de que el sueño comporta un conocimiento más profundo de nosotros mismos, pues en ellos no nos encontramos con los obstáculos que ponen a nuestros deseos la ética y los valores, necesarios para desenvolverse en el mundo real.

Pero Cencillo ve un par de problemas, que son dignos de destacar, a la hora de llegar a este conocimiento. Como el lenguaje es simbólico, es obvio que requiere de un intérprete que nos diga qué quiere decirnos el inconsciente. Cencillo cree que encontrar el intérprete adecuado puede ser un problema y una vez encontrado, hay que impedir que la ética o el sistema de valores que rigen la vida del intérprete no afecte a la interpretación del sueño de quien lo explica. El profesor emplea una frase muy acertada en este sentido:

«Los sueños jamás mienten, la equivocación y el engaño pueden estar en su interpretación diurna».

Por eso, es importante encontrar las claves adecuadas, no dejarnos influir por aquello que nosotros pensamos y forma parte de nuestro conjunto de valores y, sobre todo, no precipitarse a la hora de dar sentido al relato onírico. A veces, un sueño se interpreta mejor en relación a otros que se han tenido y que tocan los mismos puntos.

Pero las funciones del sueño van más allá. También tiene una función realizativa, que no quiere decir más que nos ayuda a completar lo vivido o experimentado en la realidad. El sueño nos ayuda a completar lo que hemos experimentado despiertos y que ha estado marcado por diferentes grados de limitaciones y censuras. En el sueño se acaba de vivir sin todos esos tabúes que la realidad y las normas del decoro nos imponen. En el sueño podemos asumir el propio cuerpo, el amor, la sexualidad, las carencias, los logros y los fracasos. Los sueños nos ayudan a acabar de ver y asumir muchas de las cosas que estando despiertos nos negamos a nosotros mismos por ser demasiado duras o simplemente porque en sociedad no están bien vistas.

La función existencial está muy enlazada con la anterior, pues asumiéndonos, conociéndonos mejor, sabiendo qué cosas son las que nos preocupan o movilizan, qué personas tienen un papel en nuestra vida que no habríamos sospechado y otros muchos ejemplos más, estamos tomando consciencia de nuestra vida, de nuestra existencia.

Onirocrítica y oniromancia

A lo largo de estas páginas hablaremos constantemente de estos dos términos que requieren ser explicados. La diferencia entre ambos es que la oniromancia busca una premonición, una anticipación del futuro en la interpretación del sueño, mientras que la onirocrítica sólo pretende darle sentido al relato nocturno para que el individuo se conozca mejor o sepa detectar la raíz de sus angustias, sus deseos ocultos o sus anhelos.

Veremos cómo a lo largo de la Historia muchos han sido los que han estado de acuerdo en que los sueños quieren decirnos cosas, que son mensajes que nos lanzamos a nosotros mismos durante el sueño. Sin embargo, muchos menos son los que han considerado que estos relatos tengan la capacidad de la adivinación y muchos los que han desprestigiado toda onirocrítica por considerarla un método de adivinación propio de hechiceros, brujos, cuando no de estafadores.

Algunos, como Aristóteles, que pensaban que los sueños eran premonitorios sólo cuando apelaban a causas naturales, por ejemplo a enfermedades, porque consideraba que el propio cuerpo tiene la capacidad de avisarnos de que algo no funciona.

Autores de todas las corrientes de pensamiento han coincidido en que los sueños mandan mensajes, pero han descartado que tengan ningún poder adivinatorio, como veremos en las páginas siguientes. Los motivos planteados para rechazar la capacidad anticipatoria de los sueños son de lo más diversos y en la mano del lector estará aceptar o rechazar este poder. En estas páginas acercaremos al lector interesado en el potencial de los relatos oníricos las diferentes teorías o explicaciones que se han dado para rechazar o aceptar el poder premonitorio del sueño que, unido a su propia experiencia, deben ser elementos suficientes para que se decante por la onirocrítica o la oniromancia.

Antes de rechazar o aceptar frontalmente el valor adivinatorio de los sueños es necesario plantear una cuestión donde, seguramente, radica el argumento sobre el que se apoyan los oniromânticos. Esa cuestión es la circulari-dad del tiempo o su no linealidad.

El tiempo circular

Desde Kant se ha afirmado que el tiempo es una forma de sensibilidad a priori, es decir, anterior a la experiencia real. Filósofos y físicos empezaron a suponer que el tiempo no era algo objetivo que pasaba sino una manera de organizar sucesos, propia del hombre, pero no real en sí mismo. El tiempo es una convención, una forma de ordenar nuestra vida y los acontecimientos reales que en ella se suceden.

Luis Cencillo, a quien ya hemos citado anteriormente, atina al decir que la vida inconsciente en su estrato más profundo se halla en parte fuera del tiempo físico, el que miden los relojes y los calendarios. De esta manera, ten-dríamos dos tiempos diferentes, uno que ordena y otro en el que suceden las cosas sin que tengan que ir unas seguidas de las otras.

De esta manera se explican las coincidencias, esas que parecen casualidades o pura magia y que no son, según los seguidores de esta teoría, ni una cosa ni la otra. Lo que pasa es que diferentes elementos de nuestra existencia «están for-mando parte de un acontecimiento de sucesos varios y se hallan conectados en-tre sí fuera del tiempo de los relojes», en palabras de Cencillo. Si damos por buena esta teoría en la que el tiempo real y el tiempo en sí mismo, por darle un nombre, no coinciden, podremos entender la explicación que da Cencillo a los sueños premonitorios que son para él una anticipación «irreal pero ya prevista y cierta» que sucede porque el eje espacio-tiempo se curva y hace que aconteci-mientos distantes se interrelacionen entre sí en esa masa que es nuestra existen-cia y que algunos se revelen antes de verse realizados en el transcurso del sueño.

Es una teoría seguida por muchas personas de ciencia que ven en ella una explicación racional a los sueños que tienen un alto contenido anticipatorio. Si el tiempo no es tal como los humanos lo hemos establecido y ordenado, es posible que cosas que estén por pasarnos ya estén escritas antes de que su-cedan, o simplemente ya las hemos vivido en otro plano del tiempo que no pueden medir los relojes.

En el apartado dedicado a Jung volveremos sobre este concepto que él lla-mó sincronicidad.

El papel de las pesadillas

Las pesadillas son sueños que generan sensaciones de miedo intenso y despiertan al afectado cuando se encuentra en fase REM, es decir, en la que el soñante genera unos movimientos oculares rápidos. Esta fase del sueño se repite cada 90 o 115 minutos, por lo que pueden darse varias pesadillas en una misma noche, aunque según indican los psicólogos son más frecuentes hacia el amanecer.

Estos sueños comienzan a ser un problema cuando se dan con mucha frecuencia de forma intensa y surgen trastornos adicionales que rompen el patrón normal de sueño. Las pesadillas son muy comunes durante la infancia e incluso se considera normal que haya niños que las tengan con bastante frecuencia. Los críos son más vulnerables a los cambios y a las situaciones traumáticas y es normal que lo revivan de manera magnificada durante el sueño. De todas formas, hay casos que necesitan un tratamiento psicológico pues pueden alterar la vida normal del menor y del adulto, en el caso de que las pesadillas no le dejen dormir las horas necesarias o le afecten en lo que denominamos «vida real».

En los más pequeños suelen producirse pesadillas al inicio del sueño, en las dos o tres primeras horas después de haberse ido a dormir. Es lo que se conoce como terrores nocturnos y están ligados a la experiencia que tiene el niño mientras está despierto. Las pesadillas, como hemos indicado anteriormente, se producen generalmente cuando el sueño ya está más avanzado y llevamos más tiempo durmiendo.

Pero ¿por qué se producen las pesadillas en los adultos? Sin duda es una pregunta que se hacen todos los interesados en el tema onírico ya que son experiencias realmente angustiosas en las que el soñante cree estar viviendo de verdad lo que está viendo. Sobre el origen de las pesadillas se sabe lo que los médicos y científicos han podido determinar. El estrés psicosocial y la ansiedad tienen mucho que ver en su aparición, ya que muchos problemas o situaciones que nos impactan a lo largo del día se procesan en forma de pesadillas y sueños molestos.

Las valoraciones terapéuticas de los afectados casi siempre dejan al descubierto algunos factores emocionales asociados a las pesadillas. También es posible que estén relacionadas con el síndrome de estrés postraumático, que se da en personas que han vivido acontecimientos traumáticos de gran calado, como puede ser un atentado, una violación o una agresión.

Para los psicólogos estos sueños no tienen por qué ser estrictamente negativos ya que pueden servirnos para entender mejor qué pasa por nuestra cabeza y ayudarnos a encajar determinados cambios que en nuestra vida nos han dejado descolocados. Es lo que los profesionales llaman función de adaptación del sueño que sirve al soñante para completar o finalizar un proceso que durante la vigilia no hemos comprendido del todo o no hemos terminado de asimilar.

De todas maneras, cuando la repetición constante de pesadillas impide al soñante llevar una vida normal, hay que acudir a un profesional y solicitar ayuda. Es cierto que el componente irracional o esotérico que se les confiere a determinados elementos aparecidos en los sueños provoca aún más angustia que el propio sueño y eso puede hacer que el soñante, paciente en este caso, se obsesione con el tema y esto haga que el círculo se retroalimente.

No es la intención de este libro angustiar a nadie, ya que de lo que se trata es de extraer el máximo de información de nuestros mensajes oníricos y conocernos mejor a nosotros y ahondar en nuestras vidas. Aquellos comportamientos que llevan a la obsesión o que tienen un carácter patológico deben ser tratados por especialistas que nos guíen y aconsejen.

Las pesadillas frecuentes

Desde hace un tiempo se aplica un programa de tratamiento desarrollado por la Universidad de Granada que consiste en la aplicación del Imagery Rehearsal Therapy (IRT), una técnica cognitiva que se aplica en tres fases y que ayuda a las personas que tienen pesadillas de manera diaria. La primera consiste en ofrecer al paciente información sobre higiene del sueño, las pesadillas y cómo afectan a su funcionamiento diurno. Además, se intentan eliminar algunas ideas irracionales que dificultan la superación del problema, como el hecho de que tengan poder profético. En la segunda fase se evalúa la capacidad de imaginación del paciente y se le entrena en estrategias para generar imágenes agradables y controlar las desagradables.

Una última técnica que se emplea para acabar con la pesadilla recurrente es montar un final alternativo al que siempre sucede y repasarlo antes de irse a dormir durante unos minutos. En el momento de editar este libro, el 70 por ciento de los pacientes tratados conseguía evitar las pesadillas recurrentes con una técnica sencilla que lo que procura por todos los medios es tranquilizar y dar sosiego al paciente y hacerle entender que él controla su mente.

Todos sabemos qué es una pesadilla y hemos hablado hasta este momento de las posibles causas psicológicas que las producen pero no de las físicas. Es importante tener en cuenta este aspecto, ya que en muchas ocasiones el origen del mal sueño está en algún problema de nuestro organismo.

La pesadilla se caracteriza por ser un sueño angustioso y pesado durante el que practicamos una respiración entrecortada y con opresión en el pecho. Los problemas digestivos están muy relacionados con los malos sueños y, generalmente, una mala digestión, una comida demasiado copiosa o aderezada pueden ser la causa de que nuestra cabeza genere monstruos que nos dan mala noche.

La fiebre elevada o alguna enfermedad dolorosa también pueden provocar la pesadilla. Esto tiene relación con algo que vamos a repetir hasta la saciedad a lo largo de este libro: la causa física debe ser la primera que contemplemos a la hora de interpretar nuestros sueños. Sin duda, nuestro cuerpo nos habla y durante el período del sueño, cuando más relajados y desconectados del mundo estamos, él no deja de contarnos todo aquello que le angustia y que le molesta.

Un factor externo a nosotros también puede ser causa de una pesadilla. Que nosotros estemos durmiendo no quiere decir que nuestro cuerpo deje de hacer sus funciones y si, por ejemplo, el aire acondicionado hace un ruido constante y pesado mientras dormimos, puede provocar cierto estrés en nuestro cerebro que se convierte en pesadilla. Los ruidos, los olores o los movimientos a los que podemos vernos sometidos mientras dormimos también pueden ser la causa de un mal sueño.

Lo que es importante de una pesadilla es el mensaje que podemos extraer de ella. Al estar relacionada bien con el cuerpo, bien con la mente, nos va a proporcionar información sobre nosotros que probablemente desconozcamos. Es interesante recordar el mayor número de datos y tenerlos presentes. No se debe intentar olvidar a toda costa esa pesadilla cuando nos levantamos porque, posiblemente, estemos olvidando una información muy valiosa que nos dan los sueños sobre nosotros mismos. No hay que pensar tampoco que son proféticas y anticipatorias, y debemos ser cautos en nuestra intención de interpretar las pesadillas de otras personas.

Keath Hearne habla de convertir la pesadilla en un *Lucid Dream*, es decir, un Sueño Lúcido, que no es otra cosa que aquel sueño en el que el soñante además de ver lo que le pasa, puede controlarlo. Es decir, y por seguir con el hilo que marca este libro, es espectador y director de cada escena. La técnica consiste en aprender a ser consciente de que estamos viviendo un sueño y que nada de lo que está pasando es real. Una vez en medio del sueño nos hemos percatado de eso, la angustia será menor aunque no podamos salir de la pesadilla. Seguramente, una vez nos demos cuenta de que no es más que un sueño, podremos despertarnos en el momento que queramos porque hemos adquirido el control de una escena que nos angustia sobremanera. Es decir, el soñante es el director de esa película angustiosa que es la pesadilla y en su mano está decir «¡Corten!».

Sueños recurrentes

Todos hemos tenido alguna vez sueños que se repiten en varias ocasiones, incluso aquellas personas que dicen no recordar sus sueños recuerdan con claridad algún sueño que se les ha repetido a lo largo de un período de tiempo.

Los sueños recurrentes son aquellos que se repiten con poca variación en la historia o tema. Estos sueños pueden ser positivos, pero con bastante frecuencia la mayoría de ellos son pesadillas. Los sueños pueden repetirse porque un conflicto plasmado en el sueño permanece sin resolver o ignorado. Los expertos psicólogos y psiquiatras aseguran que una vez se ha encontrado una solución al problema, los sueños que se repiten pueden dejar de darse.

En los sueños recurrentes, el mensaje puede ser tan importante que nuestra cabeza no quiere que lo ignoremos y lo trae una y otra vez hasta nosotros para que nos enfrentemos a esa información que nos transmite y actuemos en consecuencia. La repetición frecuente de tales sueños nos fuerza a prestar atención y enfrentar el sueño porque el cerebro trata desesperadamente de contarnos algo y por eso se expresa en muchas ocasiones con imágenes o situaciones aterradoras, para que no lo olvidemos y tomemos cartas en el asunto para poder dejar de generar esas imágenes que tanto nos asustan y desconciertan.

Los sueños recurrentes son bastantes comunes y son provocados frecuentemente por alguna situación específica de nuestras vidas, un problema que regresa una y otra vez. Estos sueños pueden repetirse a diario, una vez a la semana, o una vez por mes, pero cualquiera que sea la frecuencia, hay poca variación en el contenido del sueño en sí mismo. Lo que sí hay que tener presente es que están relacionados con hechos importantes de nuestra vida, en ocasiones con situaciones traumáticas a las que no hemos dado una salida o no hemos asimilado y por eso vuelven una y otra vez.

No es extraño que los sueños recurrentes se produzcan con mucha frecuencia entre los niños, ya que en ellos son más los hechos que pueden incidir a la hora de dejarles una huella importante, ya que no tienen todavía herramientas para entender y asimilar el mundo que se les descubre de golpe.

¿Son experiencias los sueños?

Esta pregunta da título a un oportuno trabajo realizado hace unos años por el pensador norteamericano Daniel Dennett, que se plantea si las cosas que vemos o nos «ocurren» en los sueños pueden considerarse experiencias, vistas éstas como actos de los que somos verdaderos protagonistas y de los que podemos aprender tanto como de los hechos que nos suceden en la «vida real».

Para Dennett, la opinión común sobre los sueños es que son experiencias que podemos recordar al despertarnos. Esta opinión común sostiene que los sueños son sensaciones, pensamientos o impresiones que generalmente se combinan entre sí para formar narraciones o aventuras que, de alguna forma, suceden en estado de conciencia aunque el que sueña está inconsciente durante el episodio. Dice Dennett:

> **«El recuerdo del sueño es como el recuerdo en general. Nosotros interpretamos, extrapolamos, revisamos y algunas veces parece que revivimos los incidentes y sacamos conclusiones de esta reviviscencia, conclusiones que son entonces expresadas en lo que realmente componemos en ese momento como nuestros recuerdos».**

Dice Dennett que primero se «ve» el sueño y luego se «registra». Exactamente igual que sucede en la vida real. Aunque en el sueño existe una tercera fase de «composición» de lo visto y recordado. Las dos primeras fases de ver y grabar son inconscientes, pero componer, puede serlo o no. A veces lo componemos de manera voluntaria incluso estando recién despiertos porque no queremos olvidarlo. Pero en otras ocasiones, lo componemos mientras seguimos durmiendo y soñando otras cosas, momento en el que estamos «contando» de nuevo la historia para darle forma de manera involuntaria.

Al componer hacemos de escritores y puede ser que aportemos detalles y cosas que no aparecían realmente en el sueño pero que son elementos que se cuelan porque forman parte de nosotros. La máxima expresión de la composición involuntaria es cuando tenemos un sueño dentro de otro sueño, cosa que sucede pocas veces pero que es altamente significativa.

Para Dennett, los sueños son experiencias porque los recordamos. Pero también destaca que son experiencias impuestas, que nos suceden a la fuerza, sin buscarlas, aunque eso no las hace menos experiencias de lo que pueda sucedernos en la vida real. Dennett lo expresa así:

«¿Cómo podría uno sentir temor o alegría o cualquier otra sensación que tenemos durante el sueño si no ha experimentado nada? El sueño es experiencia».

Si los sueños son o no experiencias es una pregunta todavía abierta que suscita muchas controversias entre diversos tipos de especialistas que siguen chocando en la «realidad», es decir, para muchos no puede ser experiencia aquello que no sucede en la vida real o cuando estamos despiertos, mientras que para otros, el mundo onírico es tan real como sus creadores, es decir los seres humanos.

Explicación del sueño concebido como relato

Hemos introducido el término «narrador» para referirnos al soñante porque el que sueña, narra, explica una historia en la que suele ser escritor, espectador y actor en muchas ocasiones. Sólo que el productor, el que manda de verdad es nuestro yo más interno, el inconsciente, ese que habla y dice todas las cosas que no nos atrevemos a decir o pensar despiertos. Un productor que escapa al control del narrador que somos nosotros mismos. El espectador, en este caso, sufre o disfruta de la obra, en la mayoría de las ocasiones sin poder hacer nada. Y el actor es la misma persona, sometida al inconsciente que hace y ejecuta todo aquello que es impensable cuando no duerme.

En este libro el sueño se ha concebido como un relato. Un texto, una obra de teatro, en la que aparecen todos los elementos propios de una obra de ficción: tiempo, escenarios, personajes, vestuario, idiomas, decoración, acción... Y será a partir de esa idea que hablaremos del sueño como un relato onírico, en el que como en cualquier obra de ficción, absolutamente todo es posible.

Cencillo coincide en que el sueño opera a través de un lenguaje de símbolos y cuando no lo hace, dice el profesor que el soñante recurre al «material diurno» para organizar el sueño. Aun así, el sueño lo que hace es cargar de sentido el relato diurno, el hecho real, lo dota de sentido y lo simboliza.

Lo que haremos en este libro es seguir precisamente ese orden, el que emplearíamos en analizar y desmenuzar un texto literario para saber cuál es el mensaje y la intención del autor, con la particularidad de que el autor somos nosotros mismos, o mejor dicho, una parte de nosotros que no se expresa abiertamente y que nos guarda secretos que prefiere desvelar en sueños.

Al concebir el sueño como un relato, analizaremos el sentido de todas sus partes como si estuviéramos desgranando una obra teatral en la que hasta el más mínimo detalle tiene una importancia suprema. Los personajes, la acción de la obra-sueño, los escenarios, el decorado, el tiempo y el lugar en qué sucede... Todo eso y mucho más será analizado en estas páginas que pretenden dar pistas sobre el valor simbólico de nuestros sueños, con la ventaja de que, en este caso, conocemos de primerísima mano al director de esta peculiar obra y por tanto podemos saber qué siente y qué hechos de su vida real están íntimamente relacionados con aquellas cosas que en sus sueños se transforman, se amplían o se reducen en su relato onírico.

2

La interpretación de los sueños a lo largo de la Historia

A lo largo de la Historia y desde diferentes ramas del saber se ha mostrado siempre mucho interés por la interpretación de los sueños. Hay cientos de referencias y escritos que intentan dar una explicación al fenómeno onírico. En este apartado se ofrece un repaso de los autores más importantes que en algún momento de sus vidas abordaron este tema.

Desde las primeras civilizaciones, la Humanidad ha considerado el sueño como un enigma inquietante. En todo el Antiguo Oriente, como en Grecia y Roma, a los sueños se les consideró mensajes divinos, que pondrían sobre aviso a los mortales sobre las intenciones generales de dios o acerca del destino que les reservaba. Así lo atestigua, en Mesopotamia, uno de los textos más antiguos del mundo, la epopeya de Gilgamesh: dos sueños de Gilgamesh, que interpreta su madre, Nin Sun, le predicen su encuentro con Enkidu. Cuando los dos amigos se disponen a combatir al gigante Humbaba, Gilgamesh tiene otros tres sueños a través de los cuales Enkidu presagia el éxito de su empresa; antes de morir, el mismo Enkidu tiene un sueño donde el dios Enlil le anuncia su próxima muerte, y otro en el que es conducido hacia los infiernos.

El sueño era por aquel entonces y básicamente la predicción de un acontecimiento futuro, pero es necesario aprender a descifrar su significado y tal será la tarea a ejercer por la onirocrítica, ciencia ya constituida en la época asiriobabilónica.

Pero empecemos por el principio y vayamos a las ricas y desconocidas civilizaciones antiguas en las que el interés por el sueño como adivinación era una preocupación casi diaria.

El Antiguo Egipto

La noche donde el sueño sumerge al durmiente es, a los ojos de los egipcios, un tiempo muerto de la creación, un retorno de las fuerzas del caos. La persona que duerme se encuentra en un estado de muerte provisional, en contacto con todos los seres y todas las visiones fantásticas que frecuentan el mundo de lo increado.

El sueño es un territorio en el que los dioses, invisibles bajo su verdadera forma de día, pueden aparecerse. Por la noche, con el sueño, el hombre puede llegar a ser sensible a las realidades del más allá que le rodean. La palabra egipcia que designa el sueño es un derivado del verbo que significa velar o despertar. Sumergido en la noche, sin contacto con lo terrestre, el durmiente se despierta, gracias al sueño, a las percepciones de un universo diferente, en el que el futuro puede mostrarse ante él. A este aspecto del sueño, la premonición o sueño premonitorio, es al que los egipcios dedicaron mayor atención y la mayoría de sus escritos.

El sueño revelaba a los egipcios las inquietudes del futuro, y la magia les permitía, en la vigilia, librarse de ellas. El sueño, sobre todo si es nefasto, trae consigo una advertencia para ponerse en guardia ante una eventualidad amenazadora del futuro. Representa también el momento en el cual el hombre, indefenso, se expone a los ataques de las malvadas fuerzas del caos.

Como precaución, los egipcios utilizaban, para sostener sus cabezas mientras dormían, una especie de reposacabezas. Esta cabecera tenía forma de media luna, se sostenía por un pie y estaba provista de una almohada. En el pie se reproducían imágenes divinas destinadas a proteger al durmiente de las malvadas fuerzas que habitan la noche. El sueño comporta riesgos, y los sueños pueden estar cargados de imágenes amenazantes. En la mayoría de los casos, los sueños constituían una útil visión del futuro, o un modo de contacto con el universo sobrenatural de los dioses.

Los dioses se aparecían raramente a los simples mortales durante el día, pero las visiones, incluso las más descabelladas, podían visitarlos, según el pensar de los antiguos egipcios. Estas visiones, por muy extrañas que pudieran parecer, eran advertencias divinas de las que había que guardarse y que no hay que desdeñar, por lo que era conveniente clasificar los sueños y definir sus significados.

Numerosos autores coinciden en afirmar que existieron en el Antiguo Egipto unas claves para interpretar los sueños, y que consistían en unas listas que indicaban cómo interpretar cada relato onírico. Se cree además que debieron existir desde muy antiguo. Los primeros fragmentos conservados de un tratado sobre los sueños pertenecen a la XIII dinastía, alrededor del 1750 a.C. y se trata de una exposición de fórmulas para recitar con el fin de protegerse de los efectos de «todo sueño malvado visto en el transcurso de la noche».

La más interesante de estas claves, de las que se conservan algunos fragmentos, se conoce gracias a un papiro, el *Papyrus Chester-Beatty III*, cuyo contenido podría remontarse hasta el período que va del 2000 al 1785 a.C. El esquema que sigue dicho papiro es el siguiente:

Si un hombre se ve a sí mismo en sueños: haciendo... BUENO, y significa que...
Si un hombre se ve a sí mismo en sueños: haciendo... MALO, y significa que...

Los adjetivos bueno y malo indican la naturaleza del sueño. Pero demos algún ejemplo que lo explique mejor. Según la tabla un hombre que veía en sueños una serpiente era algo bueno y se interpretaba como un aumento de las provisiones. Y había toda una lista que indicaba qué sueños eran buenos y cuáles no. Veamos algunas de las indicaciones que se conservan:

Verse con la boca llena de tierra: BUENO, y significa comerse los bienes de su conciudadanos.
Comiendo carne de burro: BUENO, y significa su promoción.
Mirando por una ventana: BUENO, y significa que el dios escuchará su grito.
Verse de luto: BUENO, y significa el crecimiento de sus bienes.
Haciendo el amor con su madre: BUENO, y sus conciudadanos le darán apoyo.
Haciendo el amor con su hermana: BUENO, y significa que algo le será transmitido.
Viendo un buey muerto: BUENO, y significa ver la muerte de sus enemigos.
Haciendo el amor con una vaca: BUENO, y significa pasar un feliz día en su casa.
Viendo brillar la Luna: BUENO, y significa que su dios le perdonará.

Haciendo el amor con una mujer: MALO, y significa luto.

Su cama ardiendo: MALO, y significa el rapto de su mujer.

Viendo a un enano: MALO, y la mitad de su vida le será arrebatada.

Contemplando el sexo de una mujer: MALO, y el último grado de su miseria se le avecina.

Haciendo el amor con un cerdo: MALO, y significa la pérdida de sus bienes.

Para un lector de hoy, los sueños reflejados en estas tablas pueden resultar de lo más extraño o al menos muy distintos de los que puede tener un soñante actual. Sin duda, el contexto social y el marco moral en el que vive el soñante es crucial para entender el significado de sus sueños. Ver el especial interés que tenían los egipcios por los sueños de contenido sexual puede darnos una pista del papel que jugaban las relaciones sexuales en la sociedad de la que estamos hablando.

Estas tablas con interpretaciones de sueños no circulaban de mano en mano, ni estaban al alcance de cualquier ciudadano que quisiera saber el sentido de sus relatos oníricos. Estas claves de sueños eran elaboradas y conservadas por especialistas: los escribas de la Casa de la Vida, una especie de instituciones religiosas donde se copiaban los manuscritos rituales y donde se cultivaban diversas ciencias: medicina, teología y, naturalmente, la oniromancia.

Cuando la Biblia fue traducida al copto, la expresión empleada para designar al intérprete de sueños en la historia de José, fue *sphranch,* en la que podemos reconocer la antigua forma *sech-per-ânkh,* «Escriba de la Casa de Vida», de lo que se deduce la gran importancia que tenían estos personajes y el uso restringido a las clases más poderosas del Antiguo Egipto.

Hasta aquí hemos hablado de un tipo de sueño que surge de manera espontánea, y su explicación se busca después de que el durmiente haya despertado. Pero existía otro tipo de sueño, digamos provocado: el que uno va a buscar en el interior de un templo para obtener, a través de la consulta a los dioses, respuesta a una cuestión previamente planteada.

Cuando el egipcio deseaba obtener la opinión de una divinidad sobre un tema en concreto, iba a dormir a un santuario, totalmente convencido de que el dios se le aparecería en sueños y le daría la respuesta. Esta respuesta será directa y no se esconderá en un entramado simbólico. Esta práctica, relativamente tardía para los egipcios, se conoce como *incubatio.*

La incubación en los templos corresponde a dos tipos de consulta diferentes. La primera concierne a diversos temas, como por ejemplo, remedios para la esterilidad o instrucciones relativas a la construcción. El segundo tipo de consulta estaba relacionada con los temas vinculados exclusivamente con la salud, pues tenían la certeza de que el sueño dentro del templo podría proporcionar la medicina o la cura de determinados males sobre los que se iba a consultar.

Los expertos señalan que esta práctica, como ya hemos dicho de época tardía, era de inspiración helenística. Antes de que esta práctica estuviera atestiguada en los egipcios, sabemos que ya acostumbraban ocasionalmente a pasar alguna noche en el interior de un templo, pero no ha sido posible determinar si el fin era que la divinidad les visitara en sueños.

Los sueños obtenidos por medio de la *incubatio* establecían una especie de diálogo entre los mortales inquietos y la divinidad. Esta práctica se da en diversas culturas, como la griega y la romana, y siempre estuvo muy relacionada con la sanación. Los que creían en este tipo de adivinación, acudían al templo en busca de la fórmula magistral que curara sus males o los de algún familiar. Y el sueño, en este caso, era visto como una especie de trance necesario y a través del cual los dioses visitaban al enfermo para darle el remedio a su enfermedad.

Babilonia

En la tradición sumeria, el sueño es una creación de la noche y está en estrecha relación con la muerte. Como cualquier experiencia nocturna, la experiencia onírica se sitúa bajo el influjo del demonio. El sueño tiene para los sumerios una doble influencia: de un lado, la del Sol, que durante la noche realiza su viaje subterráneo, encargado de llevar las almas al otro mundo y por otro lado, la de la Luna, de la cual el sueño es su mensajero.

Para los babilonios, el sueño sale de la «Gran Tierra», que representa su infierno o más allá. El sueño, al igual que el alma de los muertos o el aliento de los vivos, está constituido por una sustancia aérea. En la epopeya de Gilgamesh, la sombra de Enkidu remontando desde los infiernos es comparada a este aliento misterioso. El dios que representa al sueño en la tradición babilónica es una imagen etérea, un demonio nocturno errante entre el cielo y la tierra.

La concepción moderna que separa lo natural de lo sobrenatural no se aplica a la adivinación babilónica. El adivino babilónico busca siempre integrar lo insólito y lo maravilloso en los límites del mundo objetivo. También el sueño forma parte de la realidad objetiva. El sueño se considera un mensaje divino, con frecuencia difícil de comprender, por lo que se necesita un adivino para traducir la imagen onírica y dar un contenido comprensible a una serie de signos misteriosos comunicados por los dioses. Pero no deja de ser una realidad a tener en cuenta, un hecho al que se presta mucha atención y cuyos mensajes hay que tener muy presentes.

El libro de los sueños asirio descubierto en los archivos reales de Assurbanipal constituye la principal fuente de información sobre la oniromancia mesopotámica, aunque disponemos también de otros testimonios en escritura cuneiforme.

La interpretación que se hace de los sueños en estos textos es muy parecida a la que hacían los egipcios. Una serie de acciones vistas en sueños presagiaban algo bueno o malo, sin más explicaciones. Veamos algunos ejemplos de la interpretación que hacían los adivinos babilonios.

Consideran signos desfavorables comer tierra, polvo o arena.
Si alguien sueña que se come la carne de su mano, su hija morirá.
Si se come la carne del pie, su hijo mayor morirá.
Si se come la carne de su pene, su hijo morirá.
Si se come el pene de su amigo, tendrá un hijo.

Si come carne de perro: rebelión. No obtendrá lo que desea.
Si come carne de castor: rebelión.
Si come carne de gacela: enfermedad.
Si come carne de toro: vivirá muchos años.
Si come carne de zorro: le atacará la enfermedad.

La bebida
Si alguien le da de beber agua: vivirá mucho tiempo.
Si alguien le da de beber vino: sus días se acortarán.

Los animales
Si un hombre se encuentra con un caballo: tendrá un salvador.
Si un hombre se encuentra con un mono: tendrá hijos.
Si un hombre se encuentra con un cerdo: tendrá hijos.

Si un hombre se encuentra con un carnero: su futuro será favorable.

Si un hombre se encuentra con un pájaro: reencontrará un objeto perdido.

Si un hombre se encuentra con un zorro: tendrá un ángel protector.

Si atrapa un carnero: será perseguido por la justicia.

Viajes infernales

Si un hombre sueña que desciende a los infiernos: morirá pero no será enterrado.

Si un hombre desciende a los infiernos y ve a los muertos: en poco tiempo tendrá algún muerto en su familia.

Si un hombre desciende a los infiernos y los muertos le maldicen: es una bendición para él y, por orden de los dioses, tendrá una larga vida.

Como vemos, al igual que los egipcios, el tema de las necesidades básicas está muy presente en los sueños más comentados. La descendencia o prole tiene un papel fundamental, y por ellos se preguntan o se interpretan muchos de los sueños. Al igual que los egipcios, eran los grandes señores los que tenían adivinos y podían acceder a tener a una persona que se encargara solamente de dar sentido a sus sueños.

Provocar el sueño con la intención de conocer la voluntad divina era una técnica adivinatoria muy practicada desde tiempos muy antiguos en Mesopotamia. Gudea, príncipe de Lagash, practicó la incubación para obtener la señal que esperaba de parte de su dios Ningirsu para fijar la fecha en la cual debía empezar a construir su templo. Poseemos una descripción de la técnica del sueño provocado en el Gilgamesh, cuando el héroe, antes de decidir atacar al monstruo Humbaba, se dirige a la montaña para pedirle que le mande un sueño: el sueño aparece de un agujero de la tierra como un soplo que se adueña del héroe y le da las indicaciones adecuadas.

El pueblo israelí

Respecto a los pueblos semitas del noroeste (cananeos e israelíes) no disponemos de demasiada información sobre los sueños. El Dios de Israel manifiesta su voluntad al hombre a través del sueño como puede hacerlo a través de la visión. Dios habla directamente de la misma manera al hombre que sueña y al que está despierto. La particularidad en la interpretación de los sueños de esta tradición religiosa es que no es necesario un intérprete para descifrar los sueños pues el hombre que los recibe los comprende en el instante.

El sueño simbólico o alegórico, rara vez atestiguado en esta cultura, se nos presenta sobre todo en relatos que pretenden enaltecer la sagacidad de aquel al que Dios ha conferido la capacidad interpretativa con el fin de glorificar su pueblo en oposición a los gentiles. Cabe pensar que la oniromancia fue practicada en Israel como lo fue en civilizaciones vecinas pero que se mantuvo siempre al margen de la religión oficial y se desconoce si los israelitas o los cananeos practicaban la técnica de la incubación.

A la hora de hablar del pueblo judío, no podemos olvidar la abundancia de textos que nos aporta el Antiguo Testamento, un conjunto de libros básicos para los israelitas.

El Antiguo Testamento

El Antiguo Testamento es una fuente inagotable de ejemplos en los que el sueño es un vehículo portador de información cuya fuente es Dios. Veamos este fragmento del libro primero de los Reyes 3, 4-5:

> **«En Gabaón, Yahveh se apareció en sueños a Salomón por la noche. Dijo Dios: "Pídeme lo que quieras que te dé" (...) Salomón dijo: "Concédeme un corazón que entienda para juzgar a tu pueblo, para discernir entre el bien y el mal pues, ¿quién sería capaz de juzgar a este pueblo tuyo tan grande?" (...) Dijo Dios: "Porque has pedido esto, cumplo tu ruego y te doy un corazón sabio e inteligente como no lo hubo antes ni lo habrá después" (...) Se despertó Salomón y era un sueño».**

Vemos en este fragmento cómo Dios se comunica con el rey Salomón a través de un sueño, para concederle una gracia o poder y cómo el soñante es consciente de que sueña aunque el mensaje recibido tiene tanta o más validez que si lo hubiera recibido despierto. En el libro primero de Reyes 9, 2, Yahveh se aparece una segunda vez a Salomón y le dice que santificará su casa y asegurará su dinastía y su trono. Es interesante destacar cómo Dios se aparece a un rey, a alguien poderoso y con un estatus importante para hacerle llegar un mensaje y cómo el receptor de ese mensaje lo toma con total naturalidad y normalidad.

Pero quizá es el Génesis el libro que más referencias hace a los mensajes enviados a través de los sueños. La estructura del sueño-mensaje es la de un diálogo entre Dios y el soñante. Como ejemplo tenemos en Génesis 31, 10-13 el sueño de Jacob en que se le dice que abandone Laban y vuelva a su país.

«Pues bien, en la época de aparearse el rebaño, alcé los ojos y vi en un sueño cómo los machos que montaban el rebaño eran listados, pintos y salpicados. Y me dijo el Ángel de Dios en aquel sueño: "¡Jacob!". Yo respondí: "Aquí estoy". Y dijo: "Alza los ojos y verás que todos los machos son listados, pintos y salpicados. Es que he visto todo lo que Labán te ha hecho. Yo soy el Dios que se te apareció en Betel, donde ungiste una estela y donde me hiciste aquel voto. Ahora, levántate, sal de esta tierra y vuelve a tu país natal"».

Nuevamente en este caso vemos cómo el soñante tiene constancia de estar soñando aunque en el mismo sueño se hace referencia a una aparición anterior que no parece ser onírica. Esto era muy común en los pueblos de la Antigüedad y hemos visto y veremos que la diferencia entre una visión o aparición y un sueño no queda del todo clara en los textos que se han conservado.

En este sentido, en Números 12, 6-8 encontramos un ejemplo del valor y el sentido del sueño implícito en los relatos del Antiguo Testamento. Dios habla a Aaron y a Miriam que han dudado de la misión de Moisés. Dios se dirige a Moisés mediante la teofanía, una experiencia reservada solamente al «servidor de Dios», pero Dios se dirige a los demás hombres a través de la visión y del sueño, considerados formas legítimas de revelación.

«Dijo Yahveh: "Escucha mis palabras: si hay entre vosotros un profeta, en visión me revelo a él y hablo con él en sueños. No así con mi siervo Moisés: él es de toda confianza en mi casa: boca a boca hablo con él, abiertamente y no en enigmas, y contempla la imagen de Yahveh"».

En este fragmento vemos cómo la visión y el sueño con frecuencia son difíciles de distinguir en el relato bíblico.

La oniromancia en el Antiguo Testamento

No podemos olvidar el carácter adivinatorio que los sueños tienen en el relato bíblico, sin embargo y a pesar de su importancia, sólo se reconoce como oniromántico al patriarca José, quien sólo ejerce su arte entre los suyos y en territorio egipcio. Según el Antiguo Testamento, José es un intérprete más hábil que cualquier adivino egipcio porque su arte viene dado por el auténtico dios. (Génesis 40, 8.)

Así pues, si nos atenemos a los textos bíblicos, parece que la oniromancia fuera un arte egipcio, hecho que no da a entender que el pueblo de Israel la ignorara o la condenara. Una cultura tan prestigiosa como la egipcia, a ojos de los narradores del Antiguo Testamento, debía de tener grandes intérpretes de sueños pero, de alguna manera, lo que dan a entender es que el dios de Israel era capaz de hacerlo todavía mejor.

El Deuteronomio y la actitud mostrada por los profetas respecto al sueño, supone que la oniromancia era un elemento importante en la religión popular israelita que había que depurar y reformar. La condena de la adivinación por sueños está implícitamente contenida en Deuteronomio 28, 10-11:

> «Si surge en medio de ti un profeta o vidente en sueños, que te propone una señal o un prodigio y llega a realizarse la señal o el prodigio y te dice: "Vamos en pos de otros dioses a servirles", no escucharás las palabras de ese profeta o vidente en sueños».

En este fragmento además se añade que el profeta que nos vaticine esa noticia y acierte, deberá morir «por haber predicado la rebelión contra Dios». Alusiones como ésta, hechas contra los videntes, adivinos u oniromáticos aparecen varias veces en el Antiguo Testamento, lo que no quiere decir, ni muchísimo menos, que estas técnicas de adivinación no se hicieran servir o no se dieran por buenas. Hemos visto unas líneas más arriba cómo el mensaje que Dios transmite a Salomón mediante un sueño no es puesto en cuestión en ningún momento. Su contenido es válido y no se duda ni por un instante de que sea el mismo Dios quien habla al citado rey.

José era un oniromántico al que se pedía que interpretara los sueños de los reyes para saber cómo actuar o contentar a Dios. Ésa es una prueba de la fiabilidad que tenía para el pueblo israelita la interpretación de los sueños. Pero en este fragmento que acabamos de reproducir, la advertencia va dirigida al pueblo en general, al que se le alerta de que puede haber adivinos que intenten, a través de malas artes, acercarles a otros dioses. Para evitar la idolatría, desacreditan a aquellos intérpretes que, aunque acertaran, no eran de la misma comunidad que ellos. Intentaban evitar así que se alejaran de Yahveh atraídos por «falsos ídolos», pero sin duda la oniromancia tenía una presencia real y profunda en las comunidades israelitas de los tiempos a los que nos estamos refiriendo.

A modo de referencia, citaremos algunos ejemplos más para aquellos que sienten pasión por la lectura de la Biblia, donde se encierran multitud de historias y mensajes realmente interesantes:

Génesis 15, 12; 20, 3; 28, 10-19, 31, 10-13; 31, 24; 37, 5-11; 40; 41.
Daniel 2, 1; 4, 7; 5, 17-19.
I Samuel 3, 3-10.
I Reyes 3,5.
Eclesiástico 34, 1.
Números 12, 6.
Jeremías 29, 8.
Eclesiastés 5, 6.
Deuteronomio 13, 2-6; 18, 9-14.

Grecia y Roma

La existencia de pequeñas tablas de sueños está atestiguada ya en los siglos V y IV a.C. La profesión de intérprete es evidentemente más antigua y se pueden leer cosas al respecto en la misma *Ilíada* de Homero.

Se sabe que Antifón, sofista que vivió en el siglo V a.C., escribió ya alguna cosa sobre la interpretación de los sueños. Sólo nos quedan escasas menciones indirectas de otros autores. Su libro de los sueños es en apariencia la primera obra literaria sobre la interpretación de los sueños, o por lo menos, la primera que circuló ampliamente en la antigüedad. No se trata de una teoría sistemática sobre la interpretación sino de una colección de sueños individuales y de sus explicaciones.

Al referirnos al mundo heleno, es de justicia hacer referencia a Artemidoro de Efeso, que a pesar de haber vivido y escrito su *Interpretación de los Sueños* en el siglo II d.C., es el único que decidió plasmar en libro la importancia que para los griegos tuvo el mundo de los sueños.

Artemidoro se dedicaba a interpretar los relatos oníricos que tenían los señores, dándoles sentido y, siempre que fuera posible, haciendo una premonición. Para legar el «negocio» a su hijo, escribió su *Interpretación de los sueños* donde daba a su vástago las claves de los relatos oníricos que le habían dado sus muchos años de experiencia.

Según Artemidoro, hay dos tipos de sueños: los **especulativos** y los **alegóricos**. Los primeros se refieren a la inmediatez y no requieren de interpretación: un hombre se queda dormido durante un vuelo y sueña con que el avión cae al mar; el hombre se despierta sobresaltado por la pesadilla y se da cuenta de que la nave está, en efecto, cayendo en picado. Obviamente, este ejemplo es válido únicamente para los que vivimos en el siglo XXI, pero nos sirve para dar una idea cercana de qué era un sueño especulativo para Artemidoro.

Los sueños alegóricos, en cambio, no dicen lo que parecen decir, entran dentro de lo simbólico y es ahí donde el soñante tiene que aplicar sus conocimientos y descifrarlo. Es lógico pensar que si Artemidoro se dedicaba a esto, se le requiriera para adivinar, para predecir los hechos que estaban por venir a pesar de que él aseguraba que sólo un pequeño número de sueños eran de verdad proféticos.

También en el siglo II vivió otro hombre para quien el reino de los sueños y la interpretación de los oráculos eran una obsesión. Elio Arístides era un hombre enfermo que descubrió en su enfermedad un combustible para su creatividad. Viajó hasta Pérgamo para pedir ayuda a Asclepio, el dios de la salud. Se instaló entonces en el templo y durante las noches, en sueños, se le empezó a aparecer el dios salvador para revelarle tratamientos de lo más diverso contra sus distintas dolencias. Pero Asclepio también le ordenó que llevase un registro de sus sueños, un diario de noche, un «noctario», y Elio Arístides cumplió al pie de la letra. *Los Discursos Sagrados* son el registro de cientos de sus sueños, la mayoría referidos a apariciones de Asclepio y a las recetas que le confiaba el dios. Elio se consideraba un elegido, un hombre excepcional que tenía una relación íntima y personal con Asclepio, por lo que no sólo creía que los sueños eran proféticos, sino que consideraba que eran epifanías del dios destinadas a él y a nadie más.

La postura de los filósofos griegos

Pero cuando el lector oye hablar de la Grecia clásica seguramente los nombres que primero le vienen a la cabeza son los de algunos filósofos. También ellos dedicaron parte de sus escritos a tratar el tema que nos ocupa.

Si nos trasladamos al siglo IV a.C., nos encontramos con que Aristóteles escribió varios textos al respecto: *Del sueño y la vigilia, De los ensueños y De la adivinación por el sueño.* Para él la intensidad y el origen de los sueños tenía que ver con causas físicas, con procesos fisiológicos que lo hacían posible, con lo que daba una explicación racional a la producción onírica.

Detengámonos un momento en la teoría aristotélica de los sueños que huye de darle cualquier tipo de cualidad adivinatoria o profética al relato onírico y que calaría con fuerza en los autores del Renacimiento que tocaron el tema por su fisicismo o, por llamarlo de otra manera, su racionalidad.

Los tres textos que resumen sus teorías sobre el sueño son: *Acerca del sueño y de la vigilia, Acerca de los ensueños* y *Acerca de la adivinación por los sueños,* y forman parte del conjunto de sus tratados *Parva naturalia,* traducidos al castellano como *Tratados breves de historia natural.*

En *Acerca del sueño y la vigilia,* el primero de sus tres tratados sobre el sueño, Aristóteles se centra en la consideración del sueño en su relación con la vigilia, en la dilucidación de la función y la utilidad del sueño y en el análisis de su naturaleza. Aristóteles distingue entre el sueño (el dormir) y el ensueño, esto es, la elaboración onírica propiamente dicha. Vigilia y sueño formarían un par complementario, como movimiento y quietud. La razón de ser del sueño sería la de interrumpir los procesos de la vigilia al objeto de que el individuo, hombre o animal, pueda reponer fuerzas y regresar al estado de vigilia.

Los ensueños (objeto de estudio del segundo tratado, *Acerca de los ensueños*) constituirían asimismo una afección del sentido común, y vendrían a ser como un espejismo, pues según Aristóteles, durante el sueño, ni los sentidos perciben verdaderamente ni hay consciencia de estar percibiendo, pese a lo cual parecería que hay percepción sensorial y la engañosa creencia de que se está percibiendo algo. El origen de estas imágenes habría que buscarlo, según el filósofo, en los efectos residuales de las percepciones, capaces de actuar mucho después de producirse éstas, mientras el individuo duerme y no se producen nuevas percepciones. Es decir, para Aristóteles los sueños no son una producción propia que hacemos mientras dormimos, sino consecuencia, residuo, rastro de aquellas cosas que hemos visto o experimentado despiertos.

En *Acerca de la adivinación por el sueño,* el filósofo griego descarta radicalmente atribuir cualquier facultad profética a los ensueños. Puesto que también los animales sueñan, resultaría absurdo atribuir a los sueños la capacidad de predecir el futuro. En cuanto a la inspiración divina de los ensueños, para el sabio, el mero hecho de que a menudo sean las personas más insensatas las más proclives a soñar basta para descartarla, pues no le resultaba lógico pensar que los dioses harían depositarios de sus designios a los más necios. Para él los ensueños eran más coincidencias. Podrían ser señales que reflejaran procesos que tienen lugar mientras un individuo duerme, sobre todo físicos, y podrían ser también causas, en tanto que un individuo que ha decidido hacer una determinada cosa viera en el ensueño una anticipación a su realización.

Pero por lo general los sueños serían puras y simples coincidencias: de que lo representado en un ensueño pudiera producirse efectivamente, sólo cabría deducir que se trata de un caso de azarosa casualidad. En el mejor de los casos, el valor cognoscitivo de un ensueño residiría más bien en la capacidad para interpretarlo que un individuo pudiera manifestar, es decir, la capacidad para entender que un ensueño representa «algo» y qué es ese algo que representa, y no para predecir, a partir del ensueño, un suceso futuro.

Platón se muestra ambiguo: sitúa el hecho de soñar en el mundo de las ilusiones, en el punto más distante del mundo inteligible pero, por otro lado, admite que existen los sueños por inspiración divina. Para la persona incapaz de discernir el sueño es el triunfo del alma desiderativa sobre el alma racional. En Platón no hay conflicto entre explicación racional e intención divina para explicar los sueños: soñar es un proceso natural y un mensaje divino.

Como se ve, el sueño y su significado eran de gran interés para los filósofos y sabios de la época, pues a través de él se quería y pretendía interpretar el mundo físico o real, en el que vivimos despiertos y nos suceden cosas reales. Y ese y no otro es el motivo de tanto interés por parte de soñadores de todas las épocas y lugares del mundo: el afán por encontrar una explicación, una clave que nos ayude a comprender mejor la vida y la muerte.

A partir del siglo V a.C. se constituyó una literatura específica sobre los sueños pero sólo conservamos unos pocos fragmentos. Por eso son tan importantes los tres opúsculos de Aristóteles. Para los siglos precedentes hemos de basarnos en Homero y en la tragedia, pero se sabe que los presocráticos, sobre todo Heráclito, Demócrito y Pitágoras, dedicaron parte de sus pensamientos a esta temática.

La literatura griega

No sólo en los sesudos textos de los filósofos encontramos referencias al mundo de los sueños. La literatura griega está plagada de ejemplos que ponen de relieve la importancia que el relato onírico tenía en la vida de los helenos.

Ya hemos comentado que los griegos no concebían los sueños como meros procesos del cerebro, a pesar de las teorías anteriormente expuestas y que tienen como autor a Aristóteles. Aceptaban la idea de que los sueños eran representaciones o imágenes de personas reales que se les aparecían en sueños. Ellos creían que cualquier cosa que pareciera real debía de tener algún tipo de materialidad. La situación del «país de los sueños» en el mundo Hades o infierno, en un mundo subterráneo (Odisea XXIV, 12), se debe al hecho de que la muerte de seres queridos provoca sueños en los que el muerto se aparece a sus parientes. La sustancia de los sueños era para los griegos algo etéreo, parecido al aire, tal como hemos visto que sucedía con los babilonios. Para ellos era muy difícil concebir que una cosa era completamente insustancial. Podemos establecer al respecto un paralelo: Aquiles en la *Ilíada* intenta abrazar a Patroclo en sueños y éste desaparece, se difumina. Idéntico resultado obtiene Ulises en la *Odisea* cuando, habiendo descendido al Hades, intenta abrazar a su fallecida madre.

Los sueños en la épica no son sólo el hecho de que uno está soñando, o el proceso mental, son las cosas o personas que uno considera que percibe mientras sueña. Los sueños tienen un carácter objetivo: el griego ve un sueño, nosotros tenemos un sueño.

El sueño en Homero se define como un *eidolon,* como una imagen que, en su forma externa, copia fielmente el modelo en el cual se basa, pero presenta el defecto de no tener la solidez ligada al cuerpo que encontramos en las personas. En Homero la naturaleza del sueño se puede asimilar totalmente a la del alma. En la medida en que se confía a la vista, el hombre puede ser engañado por las *eidola,* puesto que éstas ofrecen solamente una imagen de la realidad. Les falta la solidez que encontramos en la experiencia del día a día. El sueño aparece en los griegos en una posición ambigua. El caso más frecuente es cuando el sueño se presenta para comunicar una decisión o una advertencia de la divinidad.

Roma

Algunos autores romanos destacan la especial capacidad de la mujer para los sueños premonitorios. Los hombres, sobre todo los de las clases altas, se mostraban escépticos ante este hecho. Los grupos sociales superiores desconfiaban de la capacidad anticipatoria del sueño, y son los grupos sociales inferiores y las mujeres los que aparecen frecuentemente como receptores de los mensajes divinos.

Pese a que los dioses utilizaban a esclavos, campesinos y mujeres para hacer llegar su voluntad a los hombres, las autoridades políticas no daban crédito si no iban acompañados de pruebas sólidas, como puede leerse en algunos pasajes del *De Divinatione*, de Cicerón. Excepcionalmente se aceptó el testimonio de mujeres o campesinos, pero nunca de esclavos.

Cuando a finales de la época republicana, los sueños premonitorios ganaron credibilidad, algunos miembros de las clases altas, a título individual, se sirvieron de los sueños de sus esclavos. Las visiones no planteaban problemas, ahora bien, los sueños simbólicos debían de ser interpretados. Durante el imperio existían dos posibilidades: los libros teóricos de oniromancia y las consultas a los *interpretes somniorum*.

Evidentemente, para las clases bajas analfabetas la lectura de los tratados no era posible, así que acudían a los intérpretes que ejercían su actividad de modo itinerante. En cierto modo se extendió a todas las clases sociales, de manera que el que no podía pagar un adivino particular iba a las consultas, más económicas, de aquellos que visitaban a todo el mundo.

En los templos dedicados a Asclepio-Esculapio se realizaba la práctica de la *incubation* de la que hemos hablado al explicar la importancia de la interpretación de los sueños en el Antiguo Egipto y que, como podemos ver, no era una práctica circunscrita a una sola cultura o a un solo país.

La importancia de los sueños también destaca en la literatura romana, sobre todo en autores tan renombrados como Livio o Virgilio. Y aunque es verdad que hay pocos testimonios escritos que puedan ayudarnos a hacernos una idea de la importancia real del relato onírico, autores como Lucrecio han dejado constancia de ella. En el caso de este último, dedica una gran parte del cuarto libro de su obra *De rerum natura* a dar una explicación científica de los sueños como películas materiales o imágenes que producen la misma sensación que la vista. Su argumento tiene la intención de disipar el misterio de los sueños, que de otra forma tentaría a los hombres a pensar en ellos como inspiración divina.

Robert M. Osilvie destaca en su libro *Los romanos y sus dioses* que aunque los romanos no se dejaran influenciar por los sueños a la hora de tomar decisiones, los sueños tuvieron un lugar en la religión oficial durante un corto período de la historia entre la República y los inicios del Imperio romano, época en la que florecieron los negocios de adivinación. En ese momento, se exigió al pueblo que cualquiera que tuviera un sueño con algo concerniente al estado, debía hacerlo público. Según explica con acierto Osilvie, esto tenía una explicación muy sencilla: por poco que fuera el interés real acerca de lo que los sueños pudieran transmitir, los romanos vivían muy pendientes de la voluntad de unos dioses que no siempre se expresaban claramente y ningún medio para intentar averiguar sus intenciones estaba de más en el Imperio romano.

La llegada del cristianismo y la Alta Edad Media

Como todas aquellas disciplinas en las que se cuela un elemento esotérico, en este caso la defensa de algunos de que los sueños anticipan el futuro, la onirocrítica, ha sufrido duros ataques que la han silenciado en determinadas etapas de la Historia. El cristianismo, sin duda, supone un cambio en la trayectoria y repercusión histórica que hasta el momento habían tenido los sueños. Sinesio de Cirena, en el año 403 d.C., escribe *Sobre los sueños,* un texto donde quedan marcados los símbolos cristianos y la vinculación divina de los sueños, y que sirve de referencia para entender en qué punto se encuentra la onirocrítica en la Alta Edad Media.

Es cierto que la llegada del cristianismo supuso una debacle para los intérpretes de sueños, pues la Iglesia rechazaba cualquier tipo de arte adivinatoria y consideraba que los sueños eran material sensible de ser malinterpretado. Lo que no consiguió la institución fue acabar con el interés del pueblo por encontrar sentido a los sueños, e incluso muchos de sus máximos representantes se sintieron en la necesidad de tratar el tema, aunque fuera de una forma comedida y dentro de las normas de la Iglesia.

Así, durante la Alta Edad Media se mantiene arraigada la creencia popular en el valor predictivo de los sueños. Pero, como no podía ser de otra manera, las características de la nueva religión imperante variaron la clasificación de los sueños que ahora se dividían entre sueños divinos y sueños diabólicos, cuando hasta hacía bien poco la clasificación básica había sido aquella que los separaba entre verdaderos y triviales o falsos.

Macrobio es otro de los autores que se enmarca en esta época. En su libro *Comentarius in Sommium Scipioni* desarrolla la idea de una jerarquía entre los soñadores de tal forma que sólo deben ser tenidos en cuenta aquellos sueños tenidos por personas ilustres o dotadas de autoridad. Esta teoría de Macrobio está directamente relacionada con el sistema social del momento, con unas sociedades muy jerarquizadas en las que los sirvientes eran considerados prácticamente como esclavos y sin ningún tipo de derecho.

Es éste un hecho que se repite a lo largo de la Historia. Los cambios sociales, los cismas religiosos, los grandes acontecimientos y, en definitiva, cualquier cambio importante, marca irremediablemente el papel de los sueños, el interés que los soñantes le dedican y la generación de nuevas teorías que los interpreten o al menos les den forma.

San Agustín es ejemplo de su época a pesar de ser, en cierta forma, atrevido al decir que Dios usa las imágenes oníricas para revelar al hombre cosas útiles que debe conocer. A san Agustín le preocupa especialmente la cuestión de la responsabilidad moral del soñador ante aquellos sueños de carácter pecaminoso, como no podía ser de otra manera siendo representante del cristianismo.

Para este autor, hay dos tipos de sueños: el que controla el soñador y el que «le burla», en palabras del propio san Agustín. Los sueños que controla el soñante son imágenes que se encuentran depositadas en nuestra memoria o imágenes que nosotros, a nuestro albedrío, fabricamos y una vez disponemos de ellas, «las aumentamos o disminuimos, cambiándolas de sitios, de figura, de movimiento y de mil cualidades y formas». Las imágenes que nos burlan las padecemos sin querer y unas y otras pueden ser, según san Agustín, avisos divinos con lo que reconoce el poder predictivo de algunos sueños que, según su teoría, nos envía Dios.

Volviendo a la jerarquización de los sueños que comentábamos antes y ya situados en el siglo IX, nos encontramos con la obra de Nicéforo, patriarca de Constantinopla, que escribió un *Libro de los Sueños* escrito en verso, de gran riqueza literaria y en el que atribuía también el poder adivinatorio sólo a los sueños que tenían las personas situadas en mayor escalafón social. Con el paso del tiempo, esto varía y los cambios sociales, científicos y de pensamiento que se producen en Occidente hacen cambiar los parámetros con los que se miden los sueños y a sus intérpretes.

Gerolamo Cardano y el Renacimiento

Gerolamo Cardano, prototipo del hombre culto renacentista, es el autor de un *Libro de los Sueños*, la obra más importante y cuidada que se había escrito desde los tiempos en que Artemidoro hiciera su *Interpretación de los sueños*. La presencia de Artemidoro en la obra de Cardano es más que evidente como veremos a continuación.

Para Cardano el arte de la interpretación es perfectamente natural y para ejercitarlo sólo es preciso poseer el conocimiento necesario y ciertas cualidades. La interpretación debe considerarse, según el autor italiano, como una cosa natural de la que sacar provecho y para la que están dotados los sabios, pues se requiere un ingenio hábil para interpretar y mucha prudencia para usar lo que Cardano denomina como arte.

Las causas de los sueños las divide Cardano en cuatro grupos, y predomina en su teoría el fisicismo que ya vimos en Aristóteles, no en vano Cardano es un hombre de ciencia e instruido. Dejaremos hablar al propio autor y reproducimos parte del texto escrito por él:

«Hay causas corpóreas e incorpóreas y ambas pueden ser nuevas o existir con anterioridad. Deben distinguirse, pues, cuatro géneros de sueños. Son causas nuevas y corpóreas los alimentos y las bebidas. Entre las causas ya existentes se encuentran los humores. Las causas incorpóreas y ya presentes son las preocupaciones, los pensamientos, los recuerdos y los afectos. Las nuevas e incorpóreas están insinuadas en el alma por una causa superior. Los sueños que provienen de una causa superior están provocados por la intervención de los cuerpos celestes».

De esta manera, Cardano atribuye una parte importante de los sueños que tenemos los humanos a causas físicas a las que no hay que darles demasiadas vueltas. Los sueños que tienen un poder profético son los que más interesan a Cardano, como suele ocurrir con todos los autores que se interesan por esta materia. Sin embargo, Cardano es cauto y no se lanza a elaborar teorías increíbles, ni a creer que todos los sueños encierran un mensaje que descifra nuestro futuro. Sólo son proféticos aquellos sueños que él denomina provocados por una causa superior o los que provienen de los humores. Y evidentemente, reconoce que son los más interesantes y en los que el hombre se debe detener y analizar.

Cardano tiene muy presente que la historia vital del soñante es fundamental para llegar a una buena interpretación de sus sueños. Los elementos sueltos tienen poca validez si no se conoce el relato entero, si no se explica al intérprete qué pasa en el sueño y cómo termina. Para Cardano, el relato es fundamental, hay que narrar lo que hemos visto durmiendo, dar todos los detalles posibles porque cualquier cosa puede ser importante para dar una interpretación correcta. Sin embargo, sabe que en este arte nada es preciso. No acepta interpretaciones o conclusiones definitivas, no pretende dar respuestas cerradas, ni que nadie las busque a través de los sueños. De nuevo, vemos su cautela. Una cautela que debe practicar todo aquel que se lanza a interpretar sueños de manera dogmática sin tener en cuenta la cantidad de factores que intervienen en la generación del relato onírico y la importancia de conocer todos los elementos que aparecen en el sueño y las inquietudes y pesares del soñante cuando está despierto.

> **«El viaje es la muerte y viajar es morir. Sobre todo si el viaje no tiene meta. Si nos parece que vamos junto a otras personas, quiere decir que se morirá en compañía de muchos, en una guerra, en una revuelta, en un naufragio. Las personas que aparecen en el sueño morirán con nosotros».**

Así interpreta aquellos sueños en los que se viaja, teniendo muy presente una realidad frecuente en aquel entonces: las guerras. Ahora los sueños relacionados con viajes suelen tener un primer significado no tan catastrófico, lo que demuestra la importancia del contexto social e histórico en el que se produce un determinado relato onírico.

El propio autor resume muy bien la dificultad que entraña entrar en la materia onírica y la prudencia con la que se debe actuar ante el conocimiento que se adquiere a través de los sueños.

> **«La ciencia de los sueños es una materia de suma dificultad: es ardua porque su misión consiste en intentar contener en lo finito realidades infinitas».**

Y reconoce que no hay mejor intérprete que el propio soñante, que se conoce mejor que nadie:

> «No hay mejor intérprete que el soñador mismo si domina el arte porque tiene pintada ante los ojos la imagen real y al mismo tiempo la representación onírica, de tal modo que posee el criterio para hacer corresponder una a una las partes de la figura vista de los sueños con cada una de las cosas concretas que se les asemejan y él ya conoce. Por ejemplo, las personas, las situaciones, las materias».

Con el Renacimiento llega el auge de la razón, y la ciencia se desarrolla hasta límites insospechados hasta entonces. Los sueños son un material demasiado frágil, peligroso incluso, pues no puede enmarcarse dentro de ninguna ciencia concreta. La medicina los tratará como puros fenómenos físicos y evitará manifestarse sobre su capacidad predictiva y por eso el tema cayó en cierta manera en un olvido necesario pues la temática era incompatible con la etapa de racionalidad y ciencia que se vivía en aquel entonces.

Variaciones culturales

Llegados a este punto, en el que nos hemos adentrado en una época, el Romanticismo, que va a revolucionar la manera de pensar del hombre y va a dar paso a una nueva en el mundo occidental, se hace necesaria una pausa en la que repasaremos algo que ya hemos apuntado con anterioridad: las diferencias que comporta interpretar un sueño desde una óptica cristiana y otra musulmana o lo que es lo mismo, el papel de la cultura en la interpretación e importancia que se da a los sueños.

Vamos a ver en este apartado cómo en la India, Japón, China o la cultura musulmana los sueños también han tenido un papel fundamental a lo largo de la Historia aunque con ideas muy distintas y códigos de interpretación que en algunas ocasiones coinciden con las del mundo occidental, pero que en la mayoría difieren bastante.

Se trata en este apartado de alejarnos un poco del tiempo lineal en el que se ordena la Historia y dar unas pinceladas sobre culturas bien distintas a la nuestra y que nos servirán para tener un punto de vista más amplio.

La India

Para entrar de lleno en la concepción que los hindúes tienen de los sueños, debemos explicar algunos elementos básicos del brahamanismo. La preocupación por el tema de los sueños se puede remontar al origen mismo de la literatura india, en los *Veda*, compilaciones de himnos redactados entre los siglos XV y X a.C. En los *Upanishad*, textos especulativos, generalmente cortos, los más antiguos de los cuales se remontan al siglo VI a.C., pero el género se cultivó mucho antes. La lista oficial contempla 108 *Upanishad* y en ellos encontramos la «teoría de los cuatro estados». Esta teoría defiende que el alma humana es susceptible, de forma natural, de tener tres estados y, de forma sobrenatural, un cuarto estado que corresponde a la identidad con el Brahman (el todo impersonal).

Los tres primeros estados son inestables: en primer lugar el estado de vigilia, seguido del estado de sueño en el cual el alma humana puede explorar los dominios que le son vedados durante la vigilia. El estado siguiente es el de sueño profundo, primera tentativa de unificación del ser. En este estado el durmiente no ve ningún sueño y es entonces cuando la beatitud se establece en su cuerpo. Pasado el estado de sueño y el estado de dormir sin soñar, viene el cuarto estado que es la identidad con el Brahman: sumergirse en el Absoluto.

Es natural creer que los estados anteriores a este último, como el del sueño, sean menos perfectos pero permiten a la consciencia humana un conocimiento aproximado de este «Absoluto». La consciencia entra en contacto con una realidad que durante la vigilia se nos escapa, bajo imágenes simbólicas: sólo hará falta saber interpretar estas imágenes para deducir los hechos todavía imperceptibles a los sentidos.

La interpretación de los sueños fue en la India más antigua una preocupación que encontramos atestiguada, aunque de forma embrionaria, ya en algunos textos de los *Veda*. No obstante, es en el 68.º *Pariçishta* en el que se encuentra, por primera vez, una verdadera interpretación de un relato onírico. Los *Pariçishta*, anexos versificados del cuarto Veda, estudian particularmente los presagios. Uno de ellos se titula *Tratado sobre los Sueños*.

Uno de los fragmentos de este texto habla de los diferentes temperamentos y de los sueños que le son propios a cada uno de éstos. La India, en esta época, reconocía solamente tres: el bilioso, que se encuentra bajo el signo del fuego; el flemático, que se encuentra bajo el signo del agua, y el sanguíneo, que está bajo el signo del aire.

Para los hindúes, las personas de temperamento bilioso son de naturaleza ardiente. En sueños, ven paisajes de color amarillo oro y, en estos paisajes, aparecen templos y multitudes que tienen también un resplandor amarillento, tierras áridas, árboles secos, bosques en llamas. Sufren calor y buscan el frío, se bañan, beben. Así pues se puede identificar al bilioso con ayuda de los sueños que son síntoma de su temperamento.

Las gentes de naturaleza flemática están siempre hambrientas y alteradas. En sus sueños contemplan bosques de loto, ríos límpidos de aguas claras, el cielo sembrado de estrellas, la Luna resplandeciente... Buscan y hallan en sueños la calma que no tienen en la vigilia.

La gente de temperamento sanguíneo ve paisajes en los que las nubes han sido barridas por el viento, estrellas y planetas oscurecidos, la Luna privada de su resplandor, la bóveda celeste cubierta de nubes espesas de colores diversos que circulan en líneas continuas, bandadas de pájaros errantes.

Una vez ha pasado lista a los temperamentos, el autor del tratado anota que no hay que tener por presagios los sueños que son conformes a la naturaleza. También considera que entre varios sueños que se suceden sólo hay que tener en cuenta el último para que sea interpretado. Como vemos, son curiosas y muy detalladas observaciones, lo que da cuenta de la importancia que le daban a los sueños y la cantidad de información que dan al soñante.

La correspondencia entre los signos y la cosa significada ocupa un lugar importante en el tratado. Veamos algunas de las cosas que dice:

Será feliz: aquel que sueña estar sumergido hasta el cuello en un mar de sangre; aquel que escala una montaña en un carro tirado por leones.

Tener las orejas cortadas es signo de gloria y de ciencia.

Una mano cortada asegura la posteridad; un brazo cortado, la riqueza.

Es de buen augurio soñar con divinidades, reyes, casas blancas, árboles llenos de frutos, astros, aguas puras, sonidos harmoniosos y agradables, mujeres vestidas de blanco, el firmamento lleno de estrellas brillantes,...

Ver oro, pájaros volando o que se posan sobre un estanque de loto, significa que obtendrás una mujer.

Veamos otros sueños, que según el citado tratado, indican al soñante malos presagios:

Para el soberano, soñar con la caída de la Luna, de un rayo o del Sol significa «peligro».
La inestabilidad del océano o de una montaña presagia una revolución.
La caída del pelo, de la barba y de las uñas es signo de pesadumbre.
Jugar con flores de loto o plantas acuáticas o, incluso, soñar que recoges loto, presagia la amputación de un brazo.
Si sueñas que matas a una serpiente blanca, amarilla o roja, o si cortas la cabeza a una serpiente negra, tu hijo morirá.
Rendir culto a las figuras sagradas o hacer ofrendas a los brahmanes servía para acabar con los malos sueños.

China y Japón

La literatura china está llena de referencias, anécdotas, relatos, e incluso teorías relacionadas con los sueños y su interpretación. Sin embargo, las obras específicas consagradas a esta materia son muy escasas y poco comunes. Sin duda este hecho podría deberse a un problema de transmisión de los libros dedicados exclusivamente a este tema, desdeñados por los encargados de clasificar todo el legado textual antiguo, más interesados en otras cuestiones. Fuera por lo que fuese, sólo se puede elaborar un estudio sobre la interpretación de los sueños en la China antigua parcialmente y a partir de pequeños fragmentos.

Los documentos escritos más antiguos que encontramos en China son inscripciones en huesos de animales o en caparazones de tortuga que datan de tiempos de la dinastía Yin (1700-1050 a.C.). En estas inscripciones encontramos ya anotadas respuestas obtenidas por la adivinación. El método adivinatorio más común consistía en observar las resquebrajaduras producidas por el calor en las conchas de las tortugas. La adivinación a través de los sueños se practicaba sólo de manera accesoria y se conservan además pocos ejemplos. Una sola cosa parece cierta: los sueños sujetos a interpretación eran sobre todo los malos sueños que hoy conocemos como pesadillas.

Documentos pertenecientes a la dinastía Tcheou, entre el 1050 hasta el 256 a.C., como son el *Che king* (Libro de los Poemas) y el *Chou king* (Libro de la Historia) nos confirman que los chinos de la antigüedad daban a los sueños un valor anticipatorio en el que podía saberse el futuro de las personas.

A partir de la segunda mitad de la dinastía Tcheou, en los siglos V al III a.C., las fuentes de información respecto a los sueños se multiplican. En esta época el sueño aparece como un medio de comunicación entre los poderes sobrenaturales y hombres. Éstos tienen la posibilidad de actuar sobre los primeros mediante sacrificios y pueden solicitar su parecer mediante la adivinación. El sueño es uno de los medios que usan los poderes sobrenaturales o divinos para comunicar sus intenciones a los hombres.

El peso de la tradición china en Japón

Entre los tratados que Japón tomó prestados de los chinos, desde el siglo V hasta el VIII, figuran tratados de adivinación que constituyen lo que los japoneses llaman *ommyodo*, es decir, «la vía del yin y del yang».

El *ommyodo* tenía sus intérpretes oficiales, los *ommyoshi*, personajes que aparecen frecuentemente en la literatura medieval japonesa. Uno de los métodos utilizados por los *ommyoshi* era la interpretación de los sueños o, como ellos lo llaman, *yume-awase*. La tradición atribuye a un famoso astrólogo llamado Abe Seimei, un *ommyoshi* que vivió durante el siglo X, el *Libro de la adivinación por los sueños*, que no se ha conservado.

No obstante, se cree que el *Tratado en lengua japonesa de los presagios buenos y malos contenidos en los sueños de toda clase* (*Shomu kikkyo wago sho*, en su lengua original) datado en 1712 se inspira claramente en el libro de Seimei. Todos los manuales populares sobre los sueños que circulaban en Japón en los siglos XVIII y XIX se basan en el tratado de 1712. Por lo tanto, los ejemplos de interpretación de los sueños más modernos en Japón no difieren demasiado de lo que escribieron los autores medievales, y en consecuencia pueden siempre relacionarse con sus homólogos chinos.

Para entender mejor el influjo chino, resumamos brevemente cómo se adapta la tradición china a las costumbres y creencias japonesas. Los sueños pueden ser interpretados «directamente» o «al revés», dicen los tratados chinos. Así la asociación de ideas que ha dado lugar a tal o cual interpretación puede ser inmediatamente inteligible: soñar con agua anuncia un incendio; soñar con fuego presagia una inundación; perder un diente en un sueño significa la muerte de un pariente próximo. A veces la relación es menos clara: un barco que zarpa de un puerto significa que se acerca una desgracia; si el barco arriba a puerto significa buena fortuna.

Los japoneses, sin embargo, se han mostrado siempre escépticos al respecto de la interpretación de los sueños. Un proverbio japonés dice: «El sueño y el halcón son lo que uno hace de ellos», jugando con el doble sentido de la palabra *awase* que significa «interpretación» de un sueño y «adiestramiento» de un halcón para la caza.

Las interpretaciones budistas en la tradición china

En la tradición china que hemos visto anteriormente los sueños siempre son presagios divinos. En la tradición budista, la prosperidad también viene anunciada por un dios (*Shinto*) o, más frecuentemente, por un *budisattva* que se aparece en persona en el sueño. Esto nos remonta a finales del siglo XI, fecha en la que probablemente se redactó una antología de cuentos de inspiración budista titulada *Konjaku-monogatari* (Cuentos de antaño). En estos cuentos el sueño no es un presagio. Aparece más bien como uno de los medios de los que se valen los *budisattva* para ayudar a los hombres a tomar conciencia de su condición.

Un rasgo constante de la tradición budista concerniente a los sueños es la posibilidad de dormir en el templo de un *budissatva* para requerir su ayuda. Los enfermos iban a dormir a los santuarios dedicados a Yakushi, el *budissatva* maestro de la curación, con el fin de obtener de él, en sueños, la revelación del tratamiento a seguir para la curación de una enfermedad. El *buddissatva* se aparecía al durmiente bajo la forma de un monje santo. Como vemos, estamos repitiendo la misma historia que en Egipto o en la Antigua Roma, pues es un procedimiento casi calcado al de la *incubatio* de estos dos grandes imperios que acabamos de citar.

Es normal que ocurra esto, pues las costumbres, las modas y determinados comportamientos viajaban de un lugar a otro, evidentemente no de una manera tan veloz y eficaz como en nuestros días. Pero sí se producía un trasvase de información entre diferentes culturas a través de las personas que iban de un lugar a otro del mundo como pueden ser los comerciantes, aunque también tienen un papel importante las expediciones y las conquistas o invasiones que se llevaban a cabo en aquel entonces.

El islam

Sin duda alguna, la religión musulmana está cargada de toda una simbología y unos preceptos que la hacen muy interesante para estudiarla y compararla con la otra gran religión monoteísta: el cristianismo. En estas líneas sin embargo, nos dedicaremos a ver qué importancia le dan a los sueños y su significado y cómo varía el contenido que de ellos se extrae en relación con otras tradiciones.

La oniromancia fue el único modo pagano de adivinación que no ha sido repudiado por el islam. Este tipo de adivinación fue muy importante en Arabia durante la época preislámica. Aunque no disponemos de textos análogos de esta época a los que encontramos en la tradición egipcia, babilónica o griega, el gran número de sueños contados por los cronistas árabes dejan testimonio del vivo interés que despertaba en los árabes escuchar la voz del cielo y descubrir sus secretos.

Para conocer la voluntad del cielo y para percibir los secretos del porvenir, tres prácticas, bien ancladas en la mentalidad popular, persistieron, y como sucedáneos de una antigua adivinación pagana floreciente en otro tiempo, continuaron satisfaciendo la curiosidad instintiva del hombre. Éstas son la oniromancia, la cleromancia y los presagios de todo tipo.

El lugar que ocupa el sueño en la vida de Mahoma, en el Corán y en la tradición musulmana, acrecentó la importancia de la oniromancia en la cultura islámica. La oniromancia llega a ser objeto de la elaboración de compendios que recogen ejemplos y preparan la fase de sistematización que no tardó en llegar y en la que se dio un sentido a cada tipo de sueño e incluso a cada elemento concreto que apareciera en el relato onírico.

Durante el período de los Abbassidas, se produjo un gran número de traducciones de obras filosóficas griegas, incluyendo la célebre traducción de la *Onirocrítica* de Artemidoro, hecha por Hunain ben Ishâq.

Sin embargo, toda una tradición onirocrítica propiamente árabe se fue formando alrededor de algunos nombres ilustres entre los que destacan Said

Ibn al-Musayyab y Muhammad Ibn Sirin y es precisamente alrededor de la obra de este último que se ha constituido prácticamente la ciencia onirocrítica árabe que se conoce también con el nombre de Ta'bîr.

Origen del sueño y de la visión nocturna en el islam

Según Dînawarî, el sueño es el resultado del equilibrio sanguíneo y humoral. Una especie de vapor invade al durmiente, los miembros del cual se hacen más y más pesados paulatinamente. Es entonces, según dice Ibn Khaldûn, cuando el velo de los sentidos es apartado y el «espíritu inteligente» reprende libremente su capacidad de percepción total, hasta ese momento coartada por el cuerpo y sus facultades sensibles. Vemos en esta explicación de un maestro árabe cómo se está refiriendo a esa capacidad que la modernidad le da al inconsciente de captar y ver cosas que nuestros ojos no ven. Se llame inconsciente o espíritu, lo cierto es que la explicación es muy parecida a la explicación psicoanalítica en la que se cree que el inconsciente capta detalles que analiza y desgrana para presentarlos a través de los sueños y darnos pistas de aquellas cosas que debemos tener presentes o solucionar. En unos casos, la fuente es divina, en otros racional, pero el resultado, como vemos, no es tan distinto.

De todos modos, en la cultura musulmana clásica, la cuestión del sueño ha sido abordada con seriedad y prudencia a la vez. Seriedad porque el sueño es una parte que perdurará después de la muerte de su Profeta y hasta el fin de los tiempos históricos. Con reserva, pues siempre hacen una distinción entre los sueños verídicos portadores de un mensaje celestial y las ensoñaciones equívocas surgidas simplemente de las pasiones humanas a lo que no llaman sueño sino «susurros satánicos».

En el Corán podemos leer cómo Mahoma tiene en los sueños una clave en los momentos importantes de su vida en los que debe tomar decisiones trascendentales. Los sueños no son equiparables a las revelaciones coránicas pero sí ejercen en el Profeta un papel destacado y respetado.

La importancia dada a los sueños por Mahoma era tal que reunía por la mañana a sus principales compañeros y les preguntaba si alguno de ellos había soñado. Y ocurría que le daba más valor al relato cuanto más coincidentes eran los sueños entre sí y, sobre todo, cuando el de algunos de sus compañeros coincidía con el del propio Profeta. Vemos en este hecho un signo distintivo de otras culturas: una fusión onírica colectiva de la cual Mahoma era en cierta forma el eje pero no el único actor. Además se da la circunstancia de que tras su inesperada muerte, sus compañeros cayeron a la vez en el sueño y oyeron entonces una voz que les daba la instrucción precisa sobre cómo proceder y amortajar al Profeta.

El papel de los Hadices

Los Hadices son las tradiciones proféticas de los musulmanes, textos que siguen en importancia al Corán. En ellos se dan muchas pistas sobre el peso del sueño en esta confesión. Los Hadices indican que todos los sueños no comportan la misma carga simbólica o religiosa y establece una clasificación:

1. El discurso inconsciente que el alma individual remite a partir de lo vivido el día precedente. No es peligroso, pero tampoco útil.
2. Los susurros de Satán que busca asustar o entristecer al durmiente, o simplemente perturbarlo con mensajes incoherentes.
3. El sueño sano, enviado por Dios. Sólo este tercer tipo de sueño atañe a la tradición religiosa.

Vemos, por tanto, que para los musulmanes el sueño tiene un origen y una condición divinas pero no siempre ya que, en ocasiones, puede ser simplemente una recopilación o quizá, una reacción, a lo que nos ha sucedido durante el día. Vemos aquí un paralelismo interesante con la concepción del sueño que se tenía en la Antigua Grecia. Además es el soñante el que decide de qué tipo es el sueño según cómo se haya despertado del sueño: si uno se despierta angustiado, el mensaje es de Satán y si la sensación es de alegría y paz, es Dios el que nos habla.

Una breve explicación sobre los rasgos culturales

Muy al principio de este libro hemos hablado de Erich Fromm y hemos expuesto su teoría acerca de la universalidad de los símbolos. Obviamente y a pesar de que puede haber mucho de verdad en esa aseveración hecha por el pensador alemán, no podemos ignorar que nuestros antepasados no tenían la misma concepción de las cosas que tenemos nosotros en pleno siglo XXI. Las costumbres, la religión en la que nos educamos o que mayoritariamente nos rodea, tiene un peso muy importante a la hora de analizar cualquier cosa o de posicionarnos ante cualquier tema.

En este sentido, es útil que recojamos las palabras de otro pensador y estudioso de la lengua y cultura de la Grecia clásica como fue Eric Robertson Dodds, que dice en su libro *Los griegos y lo irracional*:

> «Existen dos modos de considerar los documentos de la experiencia onírica de una cultura pasada: podemos tratar de verlos a través de los ojos de los mismos que tuvieron aquellos sueños, reconstruyendo así el significado de los mismos para su consciencia de vigilia; o podemos intentar penetrar en su contenido latente a través de su contenido manifiesto aplicando procesos de un análisis de los sueños modernos».

Como es de esperar, Dodds descarta la segunda manera de interpretar al considerar que eso sería aceptar que existe un conjunto de símbolos universal, algo de lo que el autor irlandés no estaba tan seguro como lo estaba Eric Fromm. No cree Dodds que compartamos los símbolos con los griegos que vivieron hace miles de años, como hoy en día no los compartimos con un hindú que vive en la India bajo un sistema de castas. De todas formas, lo interesante del material con el que estamos trabajando y que intentamos analizar viendo cómo se lo planteaban y lo comprendían en otros tiempos y en otras culturas no es saber exactamente el sentido de un símbolo concreto sino que como dice Dodds en su *Los griegos y lo irracional*:

> «Lo que me interesa principalmente no es la experiencia onírica de los griegos, sino la actitud de los griegos frente a esa experiencia».

De todas maneras y a pesar de rechazar, sino de lleno sí en gran medida, la existencia de un conjunto universal de símbolos, Dodds hace referencia a un famoso símil escrito por Homero en la Ilíada que revela un interesante punto de contacto:

> «Como en un sueño en el que uno huye y otro no puede perseguirle, y aquél no puede moverse para escapar, ni éste para alcanzarlo, así Aquiles no podía alcanzar a Héctor corriendo, ni Héctor escapar de él».

Dodds pone de manifiesto cómo es Homero y no sus héroes los que tienen conocimiento de lo que es una pesadilla en la que uno quiere huir y sus piernas no le responden. De esta manera, Homero nos deja constancia de que también sueña... como el resto de miles de millones de personas que poblaron, pueblan y poblarán la Tierra y que aunque nos distancien las diferencias culturales que dan distinto sentido a nuestros sueños, lo común y lo importante es que soñamos.

Vuelta a la Historia: el Racionalismo

Después de hacer este inciso «cultural» necesario para entender mejor la importancia y la variedad que muestra el tema del que estamos hablando, volvamos al recorrido histórico que habíamos dejado en Gerolamo Cardano, en pleno Renacimiento.

A partir de aquí y hasta que llegue el siglo XX no vamos a encontrar materiales referidos específicamente a la interpretación de los sueños con un valor destacable, pero sí vamos a saber, a través de la Filosofía, la Literatura o la Medicina, cuál es la concepción que se tiene de lo que ocurre mientras dormimos.

El siglo XVII marca un cambio de rumbo en la historia de la interpretación de los sueños y va a traer consigo un cambio radical en la concepción del hombre que ya es el centro del Universo, tal como se empezó a gestar en el Renacimiento. La razón se impone por encima de casi todo, y esa prevalencia de la lógica y el cerebro va a influir en el concepto, el análisis que se haga de los sueños en esta época.

Empecemos por Descartes, figura sin duda muy unida al tiempo al que nos estamos refiriendo y que incluyó en sus interesantes pensamientos filosóficos el concepto de sueño, dándole una importancia que el fenómeno merece y que demostró no ser incompatible con el pensamiento racional, aunque quizá sí un tanto incómodo.

El objetivo de Descartes es encontrar verdades absolutamente ciertas, sobre las cuales no sea posible dudar en absoluto y que sirvan al ser humano como punto de partida al que aferrarse. Pero para el filósofo francés existen tres situaciones que son motivo de duda. A saber:

- Duda sobre la fiabilidad de los sentidos o duda sobre el mundo sensible.
- La hipótesis del sueño, o la imposibilidad de distinguir la vigilia del sueño.
- La hipótesis del genio maligno o duda hiperbólica.

Nosotros nos centraremos en el tema que nos ocupa, el de la imposibilidad que ve Descartes en diferenciar claramente aquello que es «realidad» de lo que es «sueño». Descartes tiene claro que a veces tenemos dificultades para distinguir el sueño de la vigilia porque los sueños suelen ser tan vivos que los sentimos como realidades y sólo al despertar descubrimos que eran sueño. Esto, en su método racional, implica que no sólo debemos dudar de las cosas como las vemos, sino de la misma existencia de las propias cosas y de sus cualidades primarias. Este motivo de duda nos lleva a rechazar la seguridad sobre la existencia de nuestro propio cuerpo y del mundo material.

Como vemos, el sueño se mete de lleno en la disertación filosófica y la condiciona. No es un tema entonces baladí pues se tiene muy presente a la hora de hablar de la realidad, el pensamiento o el ser humano.

Esta teoría cartesiana va a influir profundamente en el pensamiento de su tiempo y del tiempo que estaba por venir. Existe en el siglo XVII una sensación de depreciación de la realidad, como si ésta no fuera asumible o verdaderamente real. Pondremos otros ejemplos que dejarán muy claro cómo había cambiado el concepto de realidad a partir del siglo XVII.

En España tenemos ejemplos en la Literatura del momento. El tema del sueño es recurrente y se trata con fruición entre los escritores del Barroco. Calderón de la Barca es seguramente el que más importancia le da al tema, y escribe su más conocida obra bajo el título *La vida es sueño* que no necesita mayor presentación. Pero no es la única obra de este autor que toca el tema. Y es que uno de los fenómenos más característicos del Barroco, resultado en parte de la adversa coyuntura histórica, es la falta de valor de la realidad, la falta de credibilidad que tiene el ser humano por aquello que hasta ese momento había sido real e indiscutible. Las alusiones a la vida como sueño, como algo fugaz e inconsistente, son una constante en la literatura y el arte desarrollados en el Barroco. Y es esa duda entre lo ilusorio y lo real lo que permite a Descartes instaurar las bases de la filosofía moderna.

El papel de la Medicina durante la Ilustración

No es de extrañar que sea en el siglo XVII, siglo en el que empieza a imperar la razón por encima de cualquier otra herramienta, que la Medicina empiece a experimentar fenomenales avances y tampoco lo es que el sueño de los seres humanos sea uno de los temas en los que se centren muchos profesionales.

Thomas Willis desarrolló los principios de la práctica de la neurología y fue uno de los primeros en empezar a hablar de enfermedades del sueño, con lo que revistió de ciencia las pesadillas o determinadas alteraciones del sueño que hasta el momento habían sido concebidas como posesiones o influjos diabólicos.

De todas maneras, no debemos pensar en la Medicina del siglo XVII como lo es la que en estos momentos conocemos y así, Thomas Willis, que descubrió el síndrome de las piernas cansadas, dando un paso de gigante en la investigación de ese momento, seguía pensando que el origen de la patología estaba asociado «a un escape de los humores animales en los nervios que suplen las piernas».

Pero no podemos ser injustos con sus aportaciones, ni mirarlas desde una supuesta y falsa superioridad, y hemos de decir que el sueño era para él un período de descanso de las funciones pero con actividad del cerebelo para mantener el control de la fisiología y la producción del sueño con contenido onírico, al que diferenció de los «sueños quietos». Señaló también los efectos del café, así como el papel del láudano para el tratamiento del síndrome de piernas inquietas. De manera relevante concibió la idea que los trastornos del sueño no eran una sola enfermedad si no un síntoma de un conjunto de enfermedades. Este concepto tuvo una gran importancia para el avance de la Medicina en este ámbito pues marcó las ideas que sobre el sueño y las investigaciones sobre él vendrían posteriormente.

En el siglo XVIII se produce un gran crecimiento de las escuelas de Medicina y, de esta manera, los interesados en especializarse en temas relacionados con el sueño pudieron hacer una serie de avances interesantes. Algunos aseguraban que el sueño se producía por una falta de flujo sanguíneo en el cerebro. Otros señalan lo contrario y creen que es un incremento del flujo sanguíneo que comprime el cráneo lo que corta el «espíritu animal». Ésta es la hipótesis que se conoce como «de la congestión» y que estuvo vigente hasta inicios del siglo XX. Lo importante es ver cómo el tema del sueño y sus procesos mentales y fisiológicos despierta el interés de la ciencia, que de alguna manera hace suyo el tema, de forma que todo lo demás, interpretación, simbología, etc., parece pertenecer a un ámbito que queda fuera de la lógica y de lo racional. Aunque no siempre sea realmente así.

En el siglo XX, la ciencia al servicio de la Medicina ha permitido una expansión asombrosa del conocimiento médico de la que devinieron nuevos métodos de investigación. Durante la primera mitad del siglo XX, la electrofisiología, la neurofisiología y los estudios sobre el comportamiento dominaron el panorama. Aunque siempre persistió un interés por los no científicos de conocer más a fondo, si no el funcionamiento, sí el significado de los mensajes que esos relatos nocturnos transmiten al que los sueña.

El Romanticismo

Destacaremos en este apartado las apreciaciones y digresiones acerca del tema de los sueños que desarrolló de una manera tan hermosa como realista un alemán llamado Gotthilf Heinrich Schubert (1780-1860).

Schubert descubre antes que el psicoanálisis el parentesco existente entre los sueños, la creación poética y los mitos. No es que descubriera una clave de sueños, si no más bien elaboró una metafísica de estados de inconsciencia: visiones, profecías, locura. Tampoco escribe una teoría del sueño, más bien busca la relación entre el hombre y la naturaleza, entre el hombre y Dios.

Para Schubert, en el sueño, el alma habla un lenguaje distinto al común. Ciertos objetos de la Naturaleza, ciertas propiedades de las cosas designan a personas y, a la inversa, una cualidad o una acción se presentan bajo la forma de una persona. En el sueño existe una ley de asociación de ideas distinta que en la vigilia. A través de un pequeño número de imágenes misteriosas que concebimos rápidamente, expresamos con el lenguaje de los sueños en poco tiempo muchas más cosas que en la vigilia sirviéndonos de las palabras.

El lenguaje de los sueños es, según Schubert, más expresivo, más rico y menos deudor del desarrollo cronológico de las secuencias de hechos que ocurren en la vida denominada real.

Schubert no dice que el lenguaje de los sueños sea superior al de la vigilia. Lo que pone de manifiesto es que el lenguaje de los sueños es innato, es el lenguaje propio del alma. El idioma se aprende, el lenguaje de los sueños nos es dado por la Naturaleza.

Schubert establece una hermosa relación entre el ser humano despierto y el soñante al decir que el segundo es una especie de extraño poeta escondido en nosotros que parece encontrar un raro placer en lo que nos entristece. Para Schubert, el lenguaje de los sueños debe interpretarse más o menos, al contrario de lo que expresa el sueño. Por ejemplo: cuando sentimos miedo o aflicción en un sueño, quiere decir que una alegría se nos aproxima. Cuando soñamos con risas o danzas joviales, se nos acerca la desolación o la tristeza. Cuando soñamos con juegos de cartas o música alegre, se nos anuncia una violenta disputa aunque el canto presagia algo bueno. Cuando soñamos con una tumba o cortejo fúnebre, es que está próxima una boda. Cuando soñamos con una boda es que se nos acerca una muerte.

Ésta es la manera en que este pensador alemán entiende el funcionamiento del lenguaje de los sueños, un lenguaje que contempla como bello y lleno de sentido, mucho más que el común, aunque no se deja llevar por un idealismo excesivo y determina con rotundidad que «de todas maneras, una gran parte de nuestros sueños está constituido de un lenguaje vacío e insignificante».

El siglo XX y Freud

Por todos es conocido que Sigmund Freud es el padre del psicoanálisis y que escribió la *Interpretación de los sueños.* En este apartado, nos centraremos en su teoría sobre los sueños y cómo deben interpretarse, teniendo en cuenta el marco médico en el que se encuentra. Para ello, le hemos dedicado un apartado propio y más o menos amplio, pues es necesario hacer algunas explicaciones para entender mejor por qué Freud revolucionó el mundo de la onirocrítica, cuando lo que pretendía era mejorar las terapias empleadas en su ámbito, la psiquiatría.

Se suele definir el psicoanálisis como:
1. Un método de investigación de los significados mentales inconscientes.
2. Un método de psicoterapia basado en la interpretación de las relaciones transferenciales, resistencia y deseos inconscientes.
3. Un conjunto de teorías psicológicas sobre el funcionamiento de la mente (metapsicología) y teoría clínica sobre los trastornos mentales y su tratamiento.
4. Un enfoque filosófico o general para entender los procesos de las culturas y la actividad social.

La teoría de los sueños de Freud

Desde joven, Freud había sentido una fuerte atracción por sus propios sueños y por eso los anotaba con todo lujo de detalles. Gran parte de los sueños que se pueden leer en su famoso libro son relatos oníricos del propio autor, con los que se hizo un autoanálisis personal que incluyó en dicho libro.

Siendo ya profesional de la psiquiatría, el problema de los sueños se le planteó cuando trabajaba con la curación de las neurosis mediante el método de la asociación libre, donde les pedía a los enfermos que expresaran libremente el contenido de sus actos mentales. Éstos le explicaban sus sueños con bastante frecuencia en el curso de estas asociaciones. De este modo, Freud se encontró con el material de sus propios sueños y el de sus pacientes neuróticos. En esa época, Freud tenía interés en demostrar al mundo científico que los sueños tenían sentido, que eran una formación del inconsciente y que tienen que ver con el deseo.

El método de la asociación libre llevaba implícito que el paciente hablara de sus sueños, y los sueños de los pacientes tomaron paulatinamente la misma importancia que los síntomas neuróticos al ser también una formación del inconsciente. A partir del contenido manifiesto del sueño, los pacientes asociaban el material que al principio ignoraban y que poco a poco se iba haciendo más importante al estar relacionado con el inconsciente, pasando el contenido manifiesto a ser sólo una fachada que escondía algo más detrás. Con este procedimiento, Freud descubre e inventa lo que llamó la «vía regia del psicoanálisis», ya que llevaba al deseo inconsciente latente u oculto; siendo el sueño la realización de ese deseo.

Los restos diurnos de las experiencias tenidas por el sujeto en el día antes de dormir servirán de material para la construcción inconsciente del sueño. Sin embargo, el contenido manifiesto llega a nuestra consciencia de manera deformada y disfrazada; está censurado, de modo que se presenta como una manifestación disfrazada de un deseo inconsciente. Esto ocurre por el conflicto entre el deseo inconsciente del sujeto, y una instancia represora, al servicio de la norma interiorizada, que impone su deseo de callarse.

El método de interpretación de los sueños de Freud rehúye la interpretación universal de los símbolos, ya que cada sueño remite a los significados personales inconscientes de un deseo; deseo que sólo puede descifrar el propio sujeto con la ayuda del despliegue de su cadena asociativa. Freud llegó a admitir que en determinados casos se podía utilizar el desciframiento universal de los símbolos, pero sólo como método secundario a la asociación libre.

Contenido manifiesto e ideas latentes del sueño

Para Freud, el sueño relatado o recordado es un sustituto de algo ignorado por el soñante, algo de carácter inconsciente y que se presenta de manera deformada que necesita de una interpretación para saber a qué hace referencia.

Freud advierte de que, por muy extraño o inusual que sea el contenido de un sueño, no debe preocuparnos en absoluto. El terapeuta, pues en este caso la interpretación tiene un afán curativo, lo que hace es despertar, mediante la asociación libre, aquello que angustia al soñante o simplemente desea. La labor del que interpreta es ardua, ya que el soñante, sin darse cuenta o conscientemente, resaltará y se conducirá por aquellas partes del sueño que le resulten más atractivas o cuya interpretación pueda serle más favorable según su propio criterio. Freud insiste en la importancia de vencer esas resistencias del soñante y averiguar qué es lo que de verdad esconde el relato onírico tras su simbología.

Los sueños infantiles

Ya hemos dicho que para Freud el contenido manifiesto del sueño suele ser una representación distorsionada del contenido latente del mismo. Esto es algo que se va haciendo más complejo conforme el ser humano va creciendo y superando etapas. Los niños, dice Freud, suelen reflejar en sus sueños realizaciones de deseos que tuvieron durante la vigilia, de una manera más directa o al menos emplean una menor distorsión.

En terapia con niños se suele aplicar la asociación libre después de preguntar qué hizo el menor el día anterior al sueño, pues en un número importante de casos, los niños sueñan con aquellas cosas que hacen durante la vigilia. El sueño infantil es una reacción a un suceso del día anterior que deja tras de sí un deseo insatisfecho, y que trae consigo la realización directa y no disfrazada de ese deseo.

A partir de los sueños infantiles, Freud concluye que el sueño es el guardián del reposo, en el sentido de que instaura la realización de un deseo que excitó al sujeto en el estado de vigilia. Esa realización fantaseada y alucinatoria permite al sujeto protegerle de la excitación y proseguir el descanso y reposo del dormir, al permitirle al menos una satisfacción alucinada de su deseo.

En todos los demás sueños, de niños mayores y de los adultos, la deformación del contenido manifiesto del sueño constituye una deformación defensiva de los deseos inconscientes, de su contenido latente. Es como si existiera algún tipo de censura que el propio sujeto se impone condicionado por su sistema de valores.

La censura del sueño y el trabajo del sueño

Pero ¿por qué ocurre esta deformación en el sueño haciéndolo extraño e incomprensible? La censura del sueño es la responsable de tal resultado. La censura se levanta contra el deseo inconsciente.

Los deseos expresados en los sueños, al igual que los relacionados con los síntomas neuróticos, tienen un aspecto central de naturaleza sexual y se suelen relacionar con deseos eróticos vividos en la infancia o relacionados asociativamente con ellos. La sexualidad infantil se constituye así en el motor de todo sueño. Los deseos incestuosos que se producen en la infancia (complejo de Edipo) suelen estar relacionados con estos deseos ocultos en el sueño.

La censura representa la instancia moral del sujeto, lo que a su conciencia le parece reprensible, indecente o repugnante. La búsqueda del placer o deseo sexual es rechazada conscientemente mediante diversos mecanismos inconscientes del propio yo del sujeto que se expresan en el mismo sueño, aunque de manera más débil que en el estado de vigilia. Estos mecanismos de defensa contra el deseo, y la forma disfrazada en que se expresa ese deseo, son los que producen la particular forma de cada sueño personal.

La censura psicológica del soñante puede adoptar varias formas según Freud:

Omisión-atenuación: simplemente se elimina el material problemático. Partes del sueño y su cadena asociativa son eliminados conscientemente.

Modificaciones como las insinuaciones, alusiones y elipsis: se refiere a mecanismos que son básicamente variantes de la atenuación. Esta censura no elimina pero suaviza la importancia de determinados detalles a los que habrá que prestar mucha atención, pues pueden contener material importante e incluso a veces la clave del sueño.

Desplazamiento del acento: esta técnica de censura consiste en desplazar el énfasis de lo crucial a lo trivial y viceversa.

La simbolización: los elementos del contenido latente se expresan de manera no directa sino simbólica en el contenido manifiesto del sueño. Los símbolos oníricos suelen parecerse físicamente y funcionalmente al objeto que simboliza. De esta manera el pene suele estar representado por objetos alargados, que penetran o se elevan; y la vagina y senos, por objetos con cavidades o redondeados. No debemos olvidar que para Freud y sus seguidores todo deseo es, en origen, un deseo sexual.

Dramatización: se refiere a la representación plástica de una palabra, de modo que el sueño no se suele representar en el lenguaje de las abstracciones verbales sino en imágenes sensomotoras concretas como paisajes, escenarios, sonidos, olores, sensaciones corporales y acciones. Los sueños, de manera parecida a las experiencias psicóticas suelen ser alucinatorios. El proceso primario inconsciente, en el sueño, está más libre y eso se traduce en un funcionamiento más imaginativo y menos verbal.

La condensación y el desplazamiento: la condensación implica la comprensión de varias ideas u objetos en uno. El mecanismo de desplazamiento consiste en trasladar las características de un objeto a otro, o rasgos característicos de una persona puestos en otra.

La revisión secundaria o elaboración: consiste en el intento defensivo de darle una presentación sensata al contenido manifiesto del sueño. Los recuerdos del sueño van adoptando una presentación más razonable y agradable para la conciencia, quedando lo censurable y desagradable cada vez más desdibujado y olvidado.

El trabajo o elaboración del sueño: el trabajo del sueño consiste en pasar el deseo inconsciente y latente a contenido manifiesto mediante las operaciones señaladas de representación plástica de palabras, simbolización y condensación.

Realización de los deseos

En un sentido estricto, todos los sueños son sueños infantiles, en cuanto transforman un deseo en un suceso fantaseado o alucinatorio que produce una satisfacción.

Una de las críticas a esta formulación es que muchos sueños conllevan una angustia considerable, lo que parece opuesto a la satisfacción de un deseo. Freud responde a esta objeción planteando que en estos casos la realización del deseo no es evidente, y sólo aparece cuando estos sueños son interpretados. La presencia de angustia en los sueños es explicada por la participación de la censura inconsciente que se opone a la realización del deseo. Cuanto más fuerte es la censura en el sueño, más angustioso aparece éste, como en el caso de las pesadillas.

El sueño en su forma manifiesta puede presentarse de múltiples maneras, como ha sido expuesto por la misma cultura popular. Puede aparecer como una premonición, un aviso, una censura, la presentación de un proyecto, intentos de resolver un problema, etcétera. Sin embargo en su contenido latente, siempre se relaciona con la realización de un deseo.

Un concepto que introduce Freud en la interpretación de los sueños es el de «restos diurnos», para referirse a una parte del contenido latente que se relaciona con acontecimientos de la vida del sujeto, al igual que en los niños ocurrían cosas que le frustraban, de modo que esas insatisfacciones estimulan al deseo inconsciente a la base del sueño.

Esas insatisfacciones actuales de la vida del sujeto se incorporan al sueño estimulando el deseo inconsciente de tipo infantil. Otras veces, el deseo infantil es el que hace que el sujeto inconscientemente seleccione los acontecimientos de su vida que incorporará a su sueño.

El simbolismo en el sueño

Aún hoy en día muchos psicoanalistas se oponen a la interpretación universal de una correspondencia automática entre los símbolos del contenido manifiesto del sueño y su significado latente, aunque el mismo Freud llegó a admitir tal correspondencia en determinados casos pero siempre combinándola y postergándola al método de la asociación libre.

De hecho, Freud llegó a la conclusión de que en determinados casos hay sueños prototípicos que pueden interpretarse por su correspondencia simbólica, pero sólo cuando el sujeto del sueño es incapaz de asociar libremente sobre el contenido del mismo. Es decir, el simbolismo aparece como un método auxiliar a la asociación libre, cuando ésta se ve dificultada.

Es lo contrario de lo que dirían personas como Erich Fromm, del que ya hemos hablado anteriormente y que están más inclinados a pensar que existe un lenguaje simbólico universal por el que nos regimos y a través del cual se pueden interpretar los sueños de los soñantes de cualquier parte del mundo. Para Freud, todos los elementos que aparecen en los sueños sólo pueden ser interpretados por el soñante, que a través de la asociación libre podrá determinar qué significado tienen para él.

Cómo interpreta Freud los sueños

Hay que tener en cuenta que Freud fue modificando su teoría progresivamente a lo largo del tiempo. De hecho, posteriormente propuso que los sueños más que una realización de deseos son un intento de realización de deseos. Las pesadillas de las neurosis de guerra por lo tanto eran fallos en el intento de satisfacer el deseo de controlar la realidad abrumadora desagradable.

La interpretación de los sueños se concibe a menudo como el reverso del trabajo del sueño. El trabajo del sueño consistía en la actividad de la censura sobre el contenido latente del mismo y su revisión secundaria. Interpretar el sueño consiste en el psicoanálisis de Freud de desplegar mediante la asociación libre el contenido latente, la expresión del deseo inconsciente a partir del contenido manifiesto del relato y recuerdo del sueño.

1.er **Paso.** Consiste en tener un sueño y recordarlo o registrarlo lo más fielmente posible, teniendo en cuenta la censura/resistencia consciente e inconsciente que conlleva esa tarea. Hay que intentar no hacer ningún esfuerzo por adornarlo ni censurarlo.

2.º **Paso.** Si se desea hacer una interpretación del sueño por parte del terapeuta, éste debe tener un conocimiento de la persona del soñador y su problemática, así como de las personas y lugares a los que el sueño hace alusión. De esta manera el sueño queda contextualizado y remitido a la vida del soñador. A esta labor se le llama preparación o preámbulo.

3.er **Paso.** Es el punto más innovador del método freudiano de la interpretación de los sueños. Consiste en segmentar el material del sueño siguiendo una regla más o menos razonable por ejemplo, frase por frase, y se practica la asociación libre por cada segmento. La asociación libre es la regla básica del trabajo psicoanalítico y consiste en instruir al paciente en que diga absolutamente todo lo que se le viniera a la cabeza sin autocensura; aunque como sabemos antes o después aparecerá la censura y la resistencia, con lo que posiblemente habrá que trabajarla también en el proceso psicoanalítico.

Una vez que se ha comenzado a asociar libremente o a escribir automáticamente o grabar los propios sueños, y parece que se ha llegado a un punto en que no se le ocurren más asociaciones al terapeuta o al paciente, se pasa a asociar con la siguiente frase, y así hasta el final de las frases en que se ha descompuesto el sueño. A medida que se va asociando libremente se obtienen tomas de conciencia rudimentarias, que se pueden ir elaborando y correlacionando con otros aspectos de la vida del soñador hasta que se tiene una comprensión más profunda de su actividad inconsciente.

Se supone que con la asociación libre se permite que la actividad mental sea lo mas acrítica posible y despliegue la cadena de significantes del deseo inconsciente oculto. No olvidemos que Freud es psiquiatra y trata a personas con enfermedades mentales a quienes pretende curar. Freud explica en *El empleo de la interpretación de los sueños en psicoanálisis* de 1912 cómo se ha de utilizar la interpretación de los sueños en el psicoanálisis:

> **«En el psicoanálisis de un paciente el terapeuta nunca debe anteponer su interés en la interpretación de los sueños sobre el conocimiento de los problemas, conflictos y resistencias del paciente. Esto quiere decir que sólo trabajará con los sueños, cuando éstos sean expuestos por el paciente, y no solicitándolos a éste, y además teniendo en cuenta el papel que juegan éstos en la misma relación terapéutica. El terapeuta debe contentarse con la interpretación hecha en una sola sesión, sin preocuparse si tal interpretación fue completa y ajustada, y la dejará en suspenso hasta que el paciente no produzca nada en su labor general de las asociaciones libres de la terapia psicoanalítica. Si aparecen nuevos sueños, nos ocuparemos de ellos, aunque tengamos que abandonar los anteriores. Además no hay que dar la impresión al enfermo de que la labor psicoanalítica se remite a trabajar con los sueños, y que cuando no hay producción de los mismos la labor analítica queda interrumpida por falta de los mismos».**

Sin embargo hasta el mismo Freud cae en contradicción a lo largo de su vida y es sabido que analizaba sueños a personas que le escribían y de las que no sabía absolutamente nada. Es una tentación en la que caen todos los interesados en la onirocrítica, por muy instruidos y formados que estén. Y aunque en este libro no pretendemos formar psicoanalistas, es importante remarcar que conocer al soñante es un paso importante para hacer una buena interpretación del relato onírico que tiene.

A continuación, explicaremos uno de los casos clínicos expuestos por Freud para que se entienda mejor cuál es el procedimiento y la finalidad que tiene la interpretación del sueño en el psicoanálisis.

Caso clínico

«13 de julio de 1910: Cerca ya de la mañana sueño lo siguiente. Desciendo en bicicleta por las calles de Tubinga y un basset negro (raza de perro) se precipita tras de mí y me muerde en el talón. Bajo de la bicicleta un poco más lejos, y sentándome en una gradería comienzo a defenderme contra el furioso animal, que se niega a soltar su presa. Ni las mordeduras ni la escena que le sigue me hace experimentar sensación alguna desagradable. Frente a mí se hallan sentadas dos señoras de edad que me miran con aire burlón. Al llegar el sueño a este punto me despierto, y como ya me he ha sucedido más de una vez, en el mismo momento de pasar del sueño al estado de vigilia, todo mi sueño se me aparece con perfecta claridad».

Los símbolos nos prestarían aquí muy escaso auxilio. Pero el sujeto comunica lo siguiente: «Desde hace algún tiempo estoy enamorado de una muchacha que no conozco sino por haberla encontrado a menudo en la calle, aunque no he tenido jamás ocasión de aproximarme a ella. Me hubiera satisfecho grandemente que esta ocasión me hubiese sido proporcionada por el basset, pues tengo gran cariño a los animales y creo haber adivinado el mismo sentimiento en la muchacha».

Añade después que este cariño a los animales le ha llevado a intervenir varias veces, causando la sorpresa de los transeúntes, para separar a perros que se peleaban, y dice también que la muchacha de la que se había enamorado iba siempre acompañada por un perro como el de su sueño. Pero en el contenido manifiesto de este último desaparece la joven y sólo queda el perro asociado a su aparición. Es posible que las señoras que en el sueño se burlan del durmiente constituyan una sustitución de la muchacha, pero las informaciones del sujeto no bastan para aclarar este punto. El hecho de verse en el sueño montado en bicicleta constituye la reproducción directa de la situación recordada, pues en la realidad las veces que había hallado en su camino a la joven del basset iba él en bicicleta.

Éste es el sueño de un paciente y la explicación dada por Freud, a grandes rasgos, sobre el significado. Freud tiene tantos seguidores como detractores y muchos son los que le critican cierto reduccionismo, cuando no simplismo a la hora de dar explicación a los miedos y angustias de sus pacientes. Sea como sea, el universo creado por Freud para analizar los relatos oníricos creó una fuerte impresión en todo el siglo XX y aún en la actualidad, y es evidente que muchas de sus teorías están aún vigentes, incluso en términos populares, alejados de la vida académica o médica y a través de los cuales se explican muchos procesos mentales u oníricos.

Jung y la teoría de la sincronicidad

Carl Gustav Jung era médico psiquiatra. Estudió y defendió la obra de Freud *La interpretación de los sueños* en diversos círculos médicos donde había sido duramente criticada, lo que le aportó las simpatías de Freud, y fue invitado al círculo de sus colaboradores. Jung estaba de acuerdo con Freud en la importancia del inconsciente, pero no en la concepción del mismo. Para Jung la teoría de la libido sexual de Freud era restrictiva e incompleta. La libido más bien era el conjunto de energía vital indiferenciada, que contenía entre otras motivaciones a la sexual pero no sólo a ésta. Además, para Jung, junto al inconsciente personal existe en la psique humana el inconsciente colectivo o universal, que contiene el conjunto de la herencia espiritual de la evolución de la humanidad. Con esta concepción Jung reintroduce en psicología de nuevo al alma entendida psíquicamente y se aleja de las teorías freudianas.

Pero vayamos directamente al tema de los sueños, que es el que nos ocupa. Tras la ruptura con Freud, Jung siguió sus estudios, viajes a antiguas culturas y práctica privada de la psiquiatría y la psicoterapia. Sus estudios se continuaron con la exploración de su propio inconsciente, a través de distintos sueños premonitorios y simbólicos. Para el estudio de los sueños en Jung, la obra capital es *Mysterium Coniunctionis*.

No podemos detenernos a analizar toda la teoría de la mente que elaboró Jung, así que nos centraremos en sus aportaciones a la ciencia de los sueños.

Jung concede una importancia fundamental a la interpretación de los sueños, y los considera una especie de mitología camuflada en el hombre. Los sueños representan para Jung un lenguaje lleno de mensajes coherentes y lleno de posibilidades creativas, y más aún cuando están libres de las leyes causales y del tiempo.

En los sueños encuentran los psicólogos jungianos no sólo la actividad de los complejos específicos del inconsciente personal, sino también una función prospectiva de anticipación de posibles vías creativas de solución a los problemas. Esto es así porque en ellos se representan los símbolos derivados de los arquetipos como problemas a los que se enfrentaron muchas generaciones anteriores de hombres y mujeres en la historia de la humanidad. Por lo tanto la función de los sueños es presentar de manera inconsciente tanto los problemas como las posibles soluciones a los que se enfrenta el sujeto. Para que resulte más claro, diremos que Jung ve en los sueños una capacidad anticipatoria, que no adivinatoria, que justifica gracias a ese inconsciente colectivo que todos arrastramos y en el que se concentran las experiencias de todos los seres humanos que nos han precedido. Al tener ese conocimiento previo, podemos saber cómo se va a desarrollar un hecho, porque de alguna manera, otros lo han vivido antes y nosotros lo sabemos.

En este sentido, es muy interesante destacar el concepto de sincronicidad aportado por Jung y que ha dado y da mucho que hablar. La sincronicidad es la relación simultánea entre una idea inconsciente y un hecho físico, de modo que uno no es causa del otro. Este fenómeno mental permite interpretar los llamados fenómenos ocultos y la parapsicología, los fenómenos de la telepatía, la clarividencia, etcétera. Se trata de la unión de los acontecimientos interiores y exteriores de un modo que no se puede explicar pero que tiene sentido para el observador, es decir, ese tipo de eventos en nuestra vida que solemos achacar a la casualidad, a la suerte, o a la magia.

Pondremos un ejemplo para que se entienda mejor lo que él denominaba las «coincidencias significativas». Jung tenía una paciente cuyo tratamiento no avanzaba, pues su mentalidad era rígidamente lógica. Un día, la paciente contó a Jung un sueño en el que alguien le daba un escarabajo pelotero de oro. En ese instante, Jung escuchó un suave golpeteo en la ventana cerrada detrás de él. Se volvió y vio que lo que golpeaba en el vidrio era un insecto volador. Abrió la ventana y capturó al insecto cuando éste entró en la habitación. «¿Qué es?», preguntó la paciente. «Un ateuco, el escarabeido más próximo, en nuestro clima, al escarabajo pelotero egipcio de su sueño», contestó Jung.

La paciente ignoraba que el escarabajo de oro era un símbolo egipcio del renacimiento, pero la «coincidencia» de que ese insecto común, que está siempre en contacto con las flores, viniera a la ventana, le dio a su sueño un nuevo significado: la ayudó a liberarse de la coraza lógica en las profundidades de su mente. «¡Ahora puede iniciarse mi renacimiento espiritual!», dijo ella.

En 1930 empleó por primera vez el término sincronicidad para describir una conexión no causal entre estados psíquicos y sucesos objetivos. Jung pudo elaborar su teoría de la sincronicidad también a partir de sus propias experiencias de clarividencia, que le hicieron anticipar la Primera Guerra Mundial y otros hechos. Es famosa la anécdota en la que, durante el transcurso de una conversación con Freud, Jung anticipó por dos veces que varios libros de la estantería caerían como por arte de magia, produciéndose finalmente este hecho. Este tipo de «adivinaciones» las explicaba Jung con su teoría de la sincronicidad que no elaboraría hasta 1952.

Esta teoría se basa en el relativismo de los conceptos de espacio y tiempo en la mente inconsciente, especialmente en el inconsciente colectivo. En el inconsciente colectivo las nociones de espacio y tiempo desaparecen y los hechos pueden aparecer simultáneamente fuera de toda lógica racional. Él era consciente de que esta afirmación se apartaba, y se sigue apartando (aunque cada vez menos) de las concepciones dominantes de la ciencia actual, siendo tildadas de irracionales o disparatadas.

El concepto de un tiempo circular que ya hemos apuntado y del que se ocupan en los últimos tiempos disciplinas científicas como la Física Cuántica, son explicaciones parecidas a estos fenómenos en los que los sueños nos adelantan hechos que acaban por suceder.

Dejaremos aquí el repaso histórico a la onirocrítica y las bases psíquicas o científicas sobre las que se sostiene el sueño para pasar a adentrarnos en la interpretación o comprensión de los símbolos que aparecen en nuestros relatos oníricos.

3

Las partes del relato onírico y algunas claves de interpretación

En las páginas anteriores ha ido quedando claro que el sueño puede considerarse un relato, una historia que cuenta con todos los elementos de cualquier otro texto. Así, se hace necesaria la clasificación de sus elementos, analizándolos por separado para después darles sentido en el conjunto de la obra-sueño.

En los sueños, encontramos personajes, escenarios, decorados, vestuario, tramas, lenguaje y toda una serie de elementos que conforman el relato onírico. El autor es el propio soñante, un autor al que en muchas ocasiones la trama se le va de las manos en el mejor de los casos, porque en la mayoría ni siquiera él sabe qué va a suceder. El autor se convierte en muchas ocasiones en un mero espectador o protagonista a la vez que en un creador involuntario.

Pero dejemos eso para más adelante. Ahora nos centraremos en los diferentes elementos del sueño e intentaremos desmenuzarlos uno a uno, teniendo en cuenta aquellos personajes, lugares u objetos que con más frecuencia se repiten.

Este libro no pretende ser un diccionario de sueños, ni una recopilación de significados que quieran dar un sentido cerrado y único a los elementos que aparecen en los relatos oníricos. Lo único que nos proponemos es dar algunas claves, teniendo en cuenta que partimos de un prisma occidental inevitable, aunque en los casos que sea posible se proveerá al lector de versiones interpretativas que se dan en otras culturas.

Esas claves deben ser aplicadas, como ya dijimos en capítulos anteriores, teniendo en cuenta la historia del soñante, su pasado, su presente y sus experiencias; tendrá que tener en cuenta la cultura y las influencias del soñador y por supuesto no tener la tentación de intentar hacer de cada sueño una profecía. Es fundamental que el que interpreta tenga muy presente la cualidad amplificadora que puede tener el sueño e intentar darle la importancia justa a cada símbolo que aparece en nuestros relatos oníricos. Sólo el soñante sabe en realidad el grado de importancia de las cosas que suceden en su vida y se reflejan en sus sueños.

Los personajes

Son una de las partes fundamentales de todo relato y no es una cuestión de azar que soñemos con unas personas o con otras, pues incluso las ausencias son significativas en muchos sueños. Seguro que los psicoanalistas tendrían material suficiente para estudiar los sueños de alguien que nunca sueña con su padre y muchas y repetidas veces con su madre.

En esta clasificación tendremos en cuenta a los seres reales, empezando por la familia (que tan buena fuente de conflictos suele ser), siguiendo por los animales, que tanto simbolismo suelen concentrar, y acabando por seres mitológicos o irreales que aparecen también en muchos de los relatos oníricos.

Nos limitaremos en este apartado a adjudicar una simbología a cada personaje. No entraremos en las acciones, que tendrán su propio apartado, pues en sí mismas, las personas que se aparecen en nuestros sueños ya nos indican infinidad de cosas sin necesidad de que hagan nada. El sentido completo de su aparición en el relato nocturno se completará con el contenido de la acción, el escenario y otros elementos narrativos que se detallarán en páginas sucesivas.

Familiares
Padre y madre

Entre los familiares que pueden aparecer en los sueños, el padre y la madre tienen un papel fundamental en nuestra cultura. La aparición de los progenitores que no se conocen es un sueño común en aquellas personas que han quedado huérfanas o que no han conocido a sus padres biológicos. La aparición de una de estas dos figuras tiene un claro componente carencial, la persona busca a quien no conoce y le dio la vida, necesita saber, ponerles cara, conocerles, y suele ser el reflejo de un deseo interior que no encuentra satisfacción.

Para aquellas personas que tienen padres, la aparición de una de estas dos figuras debe poner al soñante en alerta, pues la figura paternal no sólo nos protege sino que también nos avisa. Es habitual el sueño en el que uno de los dos progenitores aparece pero no habla. El padre o la madre sale a escena pero no pronuncia palabra, sin embargo, sabemos a ciencia cierta que quieren decirnos algo importante. Los padres nos advierten, nos aconsejan sobre cosas que ven con más perspectiva por su experiencia. Nos dicen que estemos alerta, que vigilemos, que seamos cautos.

Algunos autores intentan establecer diferencias entre el padre y la madre, aunque simbólicamente es coherente pensar que el papel de ambos comparte más similitudes a nivel simbólico de lo que parece. Para algunos, el padre es la autoridad, mientras que la madre es la protección. En el mundo de lo simbólico ambos papeles se pueden aglutinar en uno solo: el de poner sobre aviso, que no es otra cosa que proteger al ser querido de todo lo negativo que esté por venir. No tiene que ser necesariamente un sueño profético. Los padres pueden aparecer para dar cierta perspectiva, consejo, juicio a decisiones comunes y corrientes que todo ser humano tiene que tomar a lo largo de su vida.

Obviamente, la experiencia personal de cada individuo marcará profundamente el sentido de las figuras paternas en un sueño. Una persona que haya sufrido algún tipo de abandono o maltrato relacionará esas figuras con sensaciones negativas, mientras que una persona que haya perdido a sus padres prematuramente sienta en el sueño la posibilidad de una recuperación o esperanza imposible en la realidad.

De todas maneras, está comprobado que ambas figuras suelen tener un papel muy parecido en los diferentes sueños que se han analizado a lo largo de la Historia. El papel de la mujer en siglos anteriores puede determinar el hecho de que se de una interpretación diferente al padre que a la madre, aunque en definitiva el papel dé ambos es el de dar a los hijos protección y consejo y así debe interpretarse a grandes rasgos en los relatos oníricos. En el caso de la madre, algunos onirocríticos apuntan más a cuestiones relacionadas con los orígenes, el misterio de la vida o las grandes preguntas que todos nos hacemos al tomar conciencia como seres humanos pero, en general, el papel que juegan en nuestros sueños es bastante parecido y, en todo caso, puede variar más dependiendo del tipo de relación que tengamos con nuestros progenitores.

Abuelos

Abuelos y abuelas aparecen en los relatos oníricos de muchos soñantes incluso cuando hace años que esas personas fallecieron. Los abuelos nos indican un camino a seguir o nos piden que sigamos uno concreto. Su simbología también está relacionada con el consuelo.

El abuelo es un familiar separado del soñante por una generación. Es muy habitual que la relación establecida con el abuelo con el que se sueña esté muy condicionada por la relación que se tenga con el progenitor del que es hijo ese abuelo. De todas maneras, siempre marcan caminos, dan pistas sobre cómo actuar, nos piden que hagamos las cosas de una determinada manera. A lo largo de toda la bibliografía consultada sobre la interpretación de los sueños, se puede observar cómo la aparición de los abuelos en los sueños suelen alertar al soñante sobre cuestiones familiares. Es muy posible que si soñamos con una abuela paterna tengamos que prestar más atención a nuestro padre.

Sin embargo, los abuelos también pueden, simplemente, venir a decirnos que no pasa nada, a darnos consuelo, a hacernos sentir como cuando éramos niños y nuestros problemas los solucionaban los adultos. Puede estar relacionado con una necesidad del soñante de evadirse de una realidad que no quiere asumir y retrotraerse a una infancia en la que los abuelos estaban muy presentes y le salvaban de cualquier responsabilidad... incluso frente a los propios padres.

Hijos

De la misma manera que los padres protegen, los hijos reclaman esa protección en muchas ocasiones. Soñar con los hijos propios suele ser una señal de alerta, de que un hijo nuestro nos necesita aunque no lo diga. Un padre, sin darse cuenta, puede percibir que uno de sus hijos está más triste de lo habitual, o no se comporta como es normal en él. Quizá en la vigilia no se dé cuenta conscientemente porque tiene otras cosas en la cabeza o porque no le parece importante lo que detecta. Sin embargo, en el sueño, el inconsciente le da la alerta, algo que ha visto y ha dejado pasar puede ser más importante de lo que parece.

Los intérpretes de sueños suelen coincidir en que cuando un hijo se nos aparece en un sueño es que reclama nuestra ayuda. En este caso, como en otros donde podría ser aplicable la misma teoría, entra en juego en algunos casos la especial conexión entre padres e hijos, una especie de telepatía que hace posible saber, anticiparse y actuar en función de lo que el hijo necesita aunque no lo pida con palabras. Para quienes prefieren dar una explicación más racional, el soñante, mientras está despierto, recopila una serie de señales que toman cuerpo mientras duerme, y es el propio sujeto el que se da una señal a sí mismo después de haber sumado todos los detalles que ha visto en su hijo mientras estaba despierto.

Esta explicación suele valer en la mayoría de los casos, a no ser que la acción o trama del relato onírico nos indique cosas muy concretas que habría que analizar pormenorizadamente. Pero no vale cuando un padre o una madre sueñan con un hijo que ya no vive.

Que los padres sueñen de manera insistente con un hijo que murió indica, por una parte y de una manera más que obvia, que sienten un anhelo enorme por verlo junto a ellos de nuevo. Es una manera que tiene el inconsciente de aliviar el dolor de la vigilia, tal como indicábamos al principio de este libro al hablar de las funciones del sueño. Pero va más allá. Soñar insistentemente con ese hijo fallecido es una llamada de atención a los propios padres, una alerta de que no se está bien, de que se necesita apoyo, de que no se supera ese trauma y no se asume la realidad. A personas que se han sometido a terapia a través del sueño se las ha dado por sanadas cuando han dejado de soñar con la persona fallecida. Sin terapia de por medio, suele ser síntoma de normalidad el dejar de soñar recurrentemente con la persona que se ha perdido.

Quizá esta teoría pueda aplicarse a todas esas personas que fallecen a nuestro alrededor y cuya muerte supone un gran dolor. Pero quizá por el vínculo tan estrecho y especial que se establece entre un padre y un hijo, la situación suele darse más en este tipo de parentesco. Quizá tenga que ver el hecho tan antinatural que supone perder a un hijo cuando lo que nos dice la experiencia es que, «por ley de vida», son los hijos quienes deben ver morir a los padres y no al revés.

Parientes

Hay una coincidencia bastante extendida en cuanto al tema de los parientes. Los parientes son personas con las que no tenemos un trato diario y directo, son personas que forman parte de nuestra familia menos directa, de las que sabemos cosas pero con las que no compartimos lazos demasiado estrechos. Solemos saber de ellos cuando sucede alguna cosa, cuando hay noticias.

Y eso es precisamente lo que nos indican los parientes que aparecen en un sueño: noticias. Cuando se sueña con un pariente es muy probable que sepamos algo de personas conocidas de las que hacía tiempo que no sabíamos nada. Puede considerarse premonitorio, pero lo que suele suceder realmente es que hay indicios reales a nuestro alrededor durante la vigilia que nos van preparando para recibir determinadas noticias.

La experiencia nos puede ayudar a determinar el sentido real de este personaje, es cuestión de observar cada vez que se sueñe con un pariente más o menos lejano, y veremos que no tardamos demasiado en saber de personas cercanas a nosotros por parentesco y de las que estamos más o menos alejados.

Otros personajes humanos o míticos

Aquí incluimos una serie de personajes que pueden o no tener relación directa con el soñante y que pueden ser o no seres reales. Tienen una vital importancia aquellos personajes que aparecen desempeñando una determinada profesión y aquellos seres irreales o ficticios que tienen un alto valor simbólico aunque no tengan equivalente en la vida real

Amigos

Los amigos tienen una simbología muy especial en el relato onírico. Casi nunca están relacionados con ellos mismos, ni con la relación que tenemos con esas personas, a no ser que hayamos tenido problemas muy fuertes y concretos con ellos que nos angustien de noche.

Un amigo representa un proyecto que está sin finalizar, algo que está en curso, que no se ha terminado todavía. De la misma manera, un amigo que muere en un sueño representa algún proyecto que quedará sin acabar, al que no se le dará una salida correcta.

Los amigos del pasado, a los que hace tiempo que no vemos, nos indican que tenemos más de una causa pendiente que colea y para la que no estamos buscando solución. Existe una versión más real o práctica de estos símbolos. Puede deberse simplemente, como hemos indicado antes, a que estemos peleados o resentidos con ellos o simplemente les echemos de menos y los traigamos hasta nosotros durante el sueño. Hay que tener en cuenta si recientemente les hemos recordado o hemos hablado de esas personas porque el inconsciente puede traerlas al presente simplemente porque hemos recordado algo que compartíamos con ellas.

De nuevo es fundamental descifrar qué hay de real e inmediato en el sueño, y qué cosas son de verdad puramente simbólicas y necesitan ser interpretadas.

Ancianos

Nos referimos en este apartado a las personas de edad avanzada con los que no tenemos ningún vínculo familiar. Son personas ancianas que aparecen en nuestros sueños de una manera altamente simbólica pues su presencia indica la concesión de algún deseo u objetivo.

Vienen a anunciar la consecución de una meta, a concedernos alguna cosa que hemos anhelado con pasión. Su presencia puede indicar también la influencia de alguien mayor que nosotros que nos ayudará a conseguir esa meta, una presencia de alguien experto y cuyo beneplácito tenemos para conseguir algo concreto.

La edad es sinónimo de sabiduría, y contar con el apoyo y la ayuda de una persona sabia nos garantiza el éxito de nuestra empresa. Lo que haga el anciano en nuestro sueño también será fundamental para determinar de qué ámbito de nuestra vida está hablándonos el sueño.

Bebés

Muchas personas consultadas tienen una visión negativa de la aparición de bebés en los sueños. No siempre tiene que ser así. El recién nacido o bebé indica cosas que acaban, procesos que terminan, no siempre negativamente. El bebé es el símbolo del final del parto, el fruto de algo que ha llevado consigo un proceso largo, y en su interpretación tendrá mucho que ver la acción, lo que sucede en el sueño y otros detalles relacionados con el bebé que vemos.

Un bebé puede ser un inicio también, el principio de una vida nueva, además del final de un proceso largo. Un bebé puede ser interpretado como un proyecto que ve la luz. Cuando se ven bebés sanos, recién nacidos, que enseguida hablan y tienen dientes, no hay que tener duda de que un proyecto que anhelábamos se cumple con creces y en un tiempo mayor del previsto. Un bebé requiere de un año para empezar a hablar, a masticar, a ser un niño, y ese bebé con dientes y que habla nos indica que todo irá más rápido de lo que esperábamos.

Los bebés pueden ser interpretados como cargas, responsabilidades nuevas. La sensación de alegría o pesar que tengamos en el sueño determinará cómo nos enfrentamos a esos nuevos desafíos. En el apartado de nacimiento y abortos, podremos ahondar un poco más en la simbología que comporta la presencia de un bebé en un relato onírico, que es mucha y muy documentada pues desde antiguo todo lo relacionado con la fertilidad ha recibido una atención extraordinaria por parte de los onirocríticos.

Conocidos

Hay que estar alerta cuando se sueñe con personas conocidas, pues de la misma manera, que los sueños con parientes nos anticipan noticias de otras personas, en este caso, el contenido del sueño irá relacionado casi con total seguridad con la persona con la que soñamos.

Los conocidos, sin ser familia, suelen ser personas más cercanas al soñante, personas que tienen que ver con su vida diaria, con su propia vida, mientras que los parientes están de alguna manera impuestos por la familia.

Su peso puede tener más importancia de la que pensamos y podemos llegar a saber más cosas de un vecino, por ejemplo, que de un primo segundo al que no vemos desde hace diez años. Esa información que tenemos de ellos, una vez procesada y pasada por nuestros filtros, puede dar como resultado un sueño en el que le vemos fracasar o triunfar en una empresa que sabemos que lleva a cabo o verlo mejorar o empeorar de una enfermedad que sabemos que padece.

El componente premonitorio puede estar presente en esas visiones que tenemos de los conocidos, pero hay que tener cuidado en estos casos y no lanzarnos a interpretar y menos a decírselo al interesado, pues si ya es complejo intentar acertar con nuestros propios sueños, lo es mucho más con los de personas que conocemos sólo hasta cierto punto.

Demonio, diablo

Es un personaje que a nivel onírico está relacionado con los traidores y los impostores. Si vemos en un sueño a alguien conocido que relacionamos con el diablo durante el relato onírico no estamos más que poniendo de manifiesto el temor que sentimos a que esa persona nos haga algún daño. Es posible que veamos en esa persona a alguien que no es quien dice ser o que oculta algo que notamos pero no sabemos a ciencia cierta.

Si la persona que relacionamos con el demonio es un desconocido, probablemente entraremos en contacto con alguien nuevo de quien deberemos desconfiar porque oculta intenciones nada beneficiosas para nosotros.

Desconocidos

En este caso, el contenido del sueño es importante, la acción determinará un sentido más completo del valor que tiene el desconocido en el conjunto total del sueño. De todas formas, no hay duda de que los desconocidos son reflejo de nuestros miedos, de todo aquello que no sabemos que nos depara, de las situaciones que no controlamos, de las reacciones de quienes no conocemos.

El desconocido puede representar alguno de nuestros miedos, la interpretación encontrará su hueso más duro en determinar a qué aspecto de nuestra vida se refiere y a qué miedo o inseguridad concreta hace referencia. Un desconocido que toma un papel protagonista en uno de nuestros sueños tiene un valor simbólico que no se puede descartar a la ligera. Si sabemos a qué ámbito de nuestra vida se refiere, podremos hacerle frente con más fuerza. Si tenemos en cuenta el resto de elementos, que intentaremos descifrar en estas páginas, podremos saber a qué miedos apela la aparición de un sujeto extraño en nuestras vidas.

Dioses, ángeles, seres celestiales

Los enmarcamos en un mismo apartado porque el sentido es muy similar en los tres casos. Que una persona crea ver a dios o en sus sueños aparezcan ángeles o cualquier otro tipo de ser sobrenatural con carácter divino indica que esa persona se siente protegida y a salvo de cualquier peligro, probablemente, además no sólo se sienta así, sino que realmente lo esté.

Más allá de las creencias religiosas del soñante, es cierto que en nuestra cultura occidental, están presentes los ángeles y demás seres celestiales que hemos visto desde niños en iglesias, cuadros y otras manifestaciones artísticas. Representan lo divino, lo protector, aquello que no puede hacernos daño sino todo lo contrario. En el caso de las personas creyentes puede tener un sentido más profundo o complejo, pero en definitiva el significado es el mismo.

La presencia de esos seres sobrenaturales nos da tranquilidad porque sabemos o más bien, creemos, que son todopoderosos, que si los tenemos de nuestro lado nada malo puede pasar. El sueño puede ser un reflejo de una sensación que tenemos de protección por el motivo real que sea. Puede deberse a que en nuestro trabajo tenemos a alguien por encima que nos protege, una sólida familia y red de amigos con los que nos sentimos protegidos, una pareja que nos cuida y mima... En definitiva, una red de «cuidadores», por llamarlo de alguna manera, que nos hacen la vida más segura.

En este sueño no se descarta el componente sobrenatural que muchos encontrarán en un relato onírico como éste. Son muchas las personas que dicen sentirse protegidas por personas cercanas que fallecieron y a las que se encomiendan en situaciones de necesidad. Los embrujos y hechizos de protección que hacen determinados chamanes también pueden influir en este tipo de sueños y, por supuesto, la creencia en este tipo de ritos.

Famosos

Soñar con personas populares o famosos hace referencia a nuestras ganas de tener relevancia y reconocimiento. No siempre tiene que ver con una frustración, puede ser simplemente que nuestro trabajo o nuestros méritos no estén suficientemente reconocidos.

Soñar con personas que socialmente han visto reconocido su trabajo o su esfuerzo es una proyección de nuestro deseo de conseguirlo también. El sueño no ratifica nuestro talento o el merecimiento de ese reconocimiento, simplemente pone de manifiesto una sensación de injusticia ante lo que nosotros consideramos que debería ser reconocido por el resto de las personas que nos rodean. Esas personas que aparecen en el sueño son el reflejo de lo que querríamos ser: no cantantes o políticos, sino personas a las que todo el mundo reconoce su talento y su trabajo.

Magos, hechiceros, brujas

Representan las fuerzas ocultas, los poderes mágicos, todo aquello que no forma parte del mundo real y racional en el que nos desenvolvemos habitualmente.

Para algunos intérpretes indica la necesidad que tiene el soñante de soluciones urgentes, casi mágicas. Pueden ser fuente de desilusión y decepción pues la resolución de nuestros problemas no pasa por soluciones instantáneas y la presencia de personas que prometen acabar con nuestros problemas de un plumazo debe ser visto con recelo por el soñante. Puede ser una advertencia de que no nos dejemos llevar por remedios fáciles e inmediatos que nos prestan personas desconocidas.

Este tipo de personaje también está relacionado con el mundo esotérico y su presencia en nuestros sueños puede estar debida simple y llanamente a un interés extremo del soñante con este tipo de temas. Puede indicar algún tipo de evolución espiritual o la presencia de este tipo de temas en nuestra vida cotidiana.

Payaso

Es el personaje que encarna el papel del antiguo bufón de los reyes. Es el encargado de hacernos reír con su propia desgracia. Si el soñante se ve vestido de payaso es probable que sus actos le lleven a una situación incómoda donde se convierta en el hazmerreír de sus conocidos. Si vemos payasos a nuestro alrededor querrá decir que lo que vemos no es lo que es, y que a nuestro alrededor la gente se comporta de una manera fingida y poco espontánea, algo que debe hacernos desconfiar de sus intenciones.

Animales

Son personajes frecuentes en los diferentes «archivos» de sueños consultados. Sin duda, puede aparecer cualquier animal del que tenemos conocimiento pero aquí nos centraremos en aquellos que son más recurrentes. ¿Quién no ha soñado con serpientes, con perros o con un caballo en alguna ocasión? De nuevo, y a riesgo de resultar redundante, es necesario hacer hincapié en la importancia de interpretar el sueño en su conjunto, porque los animales, como cualquier otro personaje del relato onírico, tienen un sentido en sí mismos, significan algo y la clave está en situarlos en el relato completo y perfilar su sentido en relación al resto de elementos que aparecen en el sueño. Es importante tener en cuenta la tradición en la que nos desarrollamos pues en nuestra cabeza resuenan y están grabadas a fuego las frases y los comentarios que desde pequeños hemos escuchado sobre los animales: «El gato es traicionero», «Los perros son fieles», «Las serpientes son sibilinas», «Los burros son necios».

Abejas

Son símbolo de trabajo, de labor, de éxito en las actividades profesionales. Verlas en grupo, trabajando unidas es señal de negocios prósperos y de que el soñante está rodeado de gente competente con la que le será muy provechoso trabajar. Para algunos intérpretes las abejas apuntan a personas sabias y laboriosas que nos traerán acuerdos muy satisfactorios como resultado de trabajar junto a ellas.

Por el contrario un enjambre de abejas amenazantes representa contrariedades, dificultades con las personas que nos rodean en el ámbito profesional. Si una de ellas le pica es probable que alguien acabe haciéndole daño de una manera deliberada. Por ese mismo motivo, ver que matamos una abeja o varias es augurio de que nos sacaremos de encima a algún enemigo.

Avestruz

Al tratar de los sueños de animales, dijimos que cada uno de ellos representa la cualidad o el defecto que le atribuye la tradición así, en el caso del avestruz lo que pone de manifiesto nuestra mente al traerla a nuestros sueños es la negación de la realidad cuando ésta nos es desfavorable. Se trata de un aviso para que seamos sinceros con nosotros mismos y reconozcamos la evidencia de lo que ocurre en nuestra vida, primer paso para solucionar los problemas.

Búho

Como animales nocturnos están relacionados con todo lo oculto, lo que ocurre a nuestras espaldas o se habla y se comenta soterradamente. Puede ser señal de chismorreos sobre nuestra persona o ardides que alguien pone en práctica para hacernos daño. Si nos vemos a nosotros mismos matando o agrediendo a uno de estos animales, es posible que el mensaje sea que debemos ser más cautelosos con nuestras opiniones y comentarios sobre los demás pues con ellos podemos estar haciendo mucho daño a otras personas. Los gritos de búhos y lechuzas indican toda clase de malos augurios, tanto en la vida real como en nuestros relatos oníricos.

Burro

El burro ha sido considerado desde tiempo inmemorial como un buen augurio por los servicios que a lo largo de la Historia ha prestado a los hombre en múltiples labores.

Para algunos el burro es el símbolo del trabajo honesto y arduo, de las personas que consiguen sus objetivos sin pasar por encima de nadie y teniendo como única base su esfuerzo y su sacrificio.

Soñar con este animal puede indicar que estamos cerca de alguien así en quien debemos ver un buen socio o compañero de viaje. De esta manera, la muerte del burro puede indicar la falta de constancia y honestidad para continuar un proyecto que requería de ambas virtudes.

No podemos dejar de lado otra interpretación más moderna y que está muy extendida por la que se relaciona a este animal con la estupidez o la falta de luces. Hay quien ve en el burro que aparece en el sueño la influencia de personas necias que pueden despistarnos de nuestro camino con sus rebuznos y su estupidez. Suele darse esta interpretación cuando en el sueño se ven muchos burros o cuando nos es complicado controlarlos. Por el contrario, si el burro es uno y lo montamos o nos obedece es más probable que la interpretación correcta sea la que atribuye al asno las virtudes del trabajo y la constancia.

Caballo

El caballo es símbolo de perfección y belleza. Es, para muchos, el animal más bello de la naturaleza y ha acompañado al hombre a lo largo de la Historia en guerras, trabajos de todo tipo o simplemente, como medio de transporte. El caballo es fiel y noble, acompaña al hombre y no le ataca, salvo raras excepciones. Es un animal inasequible, cualquiera no puede poseer un caballo, como sí se puede tener un perro. Eso le hace todavía más perfecto e ideal.

Un sueño que incluye un caballo suele estar centrado en esa presencia. Estamos ante la perfección o el anhelo de ella. Inspira sentimientos bellos y positivos, deseos de perfección y superación. Si el animal está tranquilo y propenso a acercarse a nosotros, indica que ese deseo llegará casi solo, sin necesidad de esfuerzo. Si el caballo se muestra indomable es muy probable que estemos ante un reto para el que nos faltan fuerzas o aptitudes. Si nos agrede, es probable que el sueño nos indique que nos alejemos de un propósito que quizá nos traiga más dolores de cabeza que satisfacciones.

Cabra

Los onirocríticos no tienen duda de que la cabra es una señal de riqueza, un golpe de suerte. Pero advierten que se trata de una suerte loca, de un golpe del azar, que del mismo modo puede desaparecer. Es un animal que indica cosas positivas siempre que se trate con prudencia y no nos fiemos del todo de él. La aparición de este animal en el relato onírico nos avisa de un golpe de suerte que deberemos aprovechar y al que deberemos acompañar de trabajo y sentido común para no dejarlo pasar por un exceso de confianza en nuestra suerte.

Cangrejo

De nuevo se impone la lógica de la tradición. Los pasos atrás que dan los cangrejos que aparecen en nuestros sueños no son más que una constatación de que nuestros asuntos se están viendo demorados y están dilatándose procesos y fases que deberían estar ya superadas.

Por tratarse de un animal acuático, el cangrejo simboliza todo aquello en lo que predominan las emociones y los sentimientos, por eso estará dándonos señales sobre situaciones familiares, de pareja o amistad. Por andar hacia atrás, nos indica que no superamos determinadas situaciones, que encontraremos impedimentos para salir adelante de una crisis sentimental y que nos costará remontarlas. Contrariamente a lo que suele decirse, el cangrejo no anda hacia atrás, el cangrejo avanza pero con los ojos en la espalda. Por eso, el sueño con cangrejos nos indica que vamos avanzando en nuestro pesar pero de una manera muy pesada y lenta, con los ojos puestos en un pasado que nos impide salir de ese período de tristezas de una forma más rápida y limpia.

Gato

El gato es un animal de naturaleza independiente y, por tanto, su aparición en el sueño nos habla de algún tipo de inconstancia. Algunos han relacionado su simbología con la traición o con algún tipo de estafa. El gato es felino, astuto, seductor y nos lleva allá donde quiere con todo tipo de dulzura, pero al mismo tiempo no tiene más dueño que él mismo y no tendrá ningún inconveniente en acercarse al sol que más caliente por muy bien que nos hayamos portado con él.

La presencia de un gato en nuestros sueños nos pone sobre aviso y nos advierte de que alguien puede querer embaucarnos con cantos de sirena. Por otro lado, y teniendo en cuenta el carácter inconstante de este felino, es probable que sea una señal de alerta sobre algún proyecto, una advertencia de que debemos prestar más atención y cuidar más nuestros asuntos siendo más constantes y trabajadores.

El gato que nos ataca en un sueño puede ser interpretado como la corroboración de un temor, de una agresión o una traición que ya esperábamos desde hace tiempo y se cumple. Indica que un malestar latente estallará en breve y nos enemistará con personas con las que no estamos cómodos desde hace tiempo.

Gusanos

Los gusanos pueden significar evolución si de ellos aparece una mariposa o se aprecia un cambio positivo en su aspecto exterior. Por el contrario, aquellos gusanos que aparecen en los animales muertos o en las cosas corrompidas no son más que la constatación de algo ya muerto, acabado, de lo que debemos desprendernos cuanto antes pues no queda nada más por hacer con ello.

Al gusano también se le relaciona con los intrusos. Los gusanos suelen alimentarse de otros seres en descomposición o incluso vivos y suelen verse como animales repugnantes que viven de los demás y de apariencia repulsiva. Es posible que alguien nos esté comiendo terreno o pretenda de nosotros favores que puedan ponernos en algún compromiso serio.

Insectos

Los insectos son animales pequeños e invertebrados de los que el hombre sólo conoce una pequeña parte. Suelen producir repugnancia o rechazo entre algunas personas y se relacionan con la falta de higiene, con los lugares excesivamente húmedos o la pobreza. Por eso los insectos son símbolo de miseria, de tránsito a una etapa peor de la que se está viviendo. Es una señal de alerta, de aviso. En otras culturas, los insectos son sagrados o incluso se comen, con lo que su sentido puede variar considerablemente. Sin embargo, en la cultura occidental tienen poca utilidad e incluso se les considera nocivos pues algunos ocasionan plagas o acaban con determinados cultivos. En cualquier caso, soñar con insectos es un mal augurio, según coinciden en apuntar los oniromáticos.

Mariposas

Soñar con mariposas puede ser síntoma de debilidad. La mariposa es un animal sumamente delicado, frágil y hermoso, que representa una evolución prodigiosa pero muy delicada. Ha pasado de ser una oruga a un animal hermoso pero muy sensible. En los sueños puede advertirnos de que, a pesar de vivir una buena situación personal, ésta esté basada en fundamentos muy débiles que pueden tambalearse en cualquier momento.

Para algunos intérpretes la mariposa es símbolo de ligereza y frivolidad. Visto desde esta perspectiva el sueño con mariposas puede estar indicándonos que debemos ser más sensatos y no dejarnos llevar tanto por las apariencias.

Pájaros

Los pájaros vuelan de un lado a otro, de un lugar del mundo a otro y van y vienen según las estaciones del año. No son una buena señal, traen malos augurios y algunos más que otros, como es el caso de los cuervos, a quienes se les ha atribuido la función de anunciar la muerte desde hace siglos. Pero lo mismo sucede con el resto de las especies. El contexto es importante pero la simple aparición de estos animales en un sueño debe ponernos en alerta y pensar que puede estar anunciando una mala etapa en nuestras vidas.

Perros

Lo primero que nos viene a la cabeza es el dicho popular que dice que el perro es el mejor amigo del hombre. Sin embargo, la lectura de un sueño en el que aparece este animal no es del todo halagüeña. Para algunos intérpretes la actitud en la que aparece el animal es la clave para interpretar su imagen. Los perros que nos persiguen, destrozan la ropa o consiguen mordernos hablan de calumnias e injurias que algún conocido está vertiendo sobre nosotros.

Pero del perro dócil también hay que desconfiar pues su condición de animal y de ser irracional puede depararnos sorpresas desagradables que no esperamos por su apariencia sumisa y complaciente.

Si el perro que aparece en nuestro sueño es nuestro en la vida real indicará que el mal o la protección que nos proporciona durante el descanso viene de alguien muy cercano a nosotros. Algunos intérpretes ven en la imagen onírica del perro un aviso de muerte, pues desde antiguo se considera que estos animales tienen la facultad de presentir la muerte de personas cercanas. De todas maneras, la mayoría de los oniromán ticos consideran que esta interpretación es más propia de la vida real que de la onírica.

Ratas

Son símbolo de pobreza y miseria. Si soñamos que las matamos, es probable que consigamos esquivar una mala racha económica o salir de ella, pero si vemos nuestra casa llena de ellas es que la ruina está próxima o vamos a perder una cantidad de dinero importante en algo que no preveíamos.

Serpientes

Las serpientes han sido interpretadas de diferentes maneras por la onirocrítica. Sobre todo en la escuela psicoanalítica se la ha relacionado con el aspecto sexual de la persona, por su forma, relacionada con el falo masculino. Sin embargo, yendo a un sentido más amplio o en todo caso más general, pues el contexto o el tema al que se refiere tiene más que ver con el relato entero y con la experiencia del soñante, la serpiente es símbolo de la mentira o el engaño.

Por su comportamiento y lo que se sabe de la serpiente, es un animal que ataca cuando menos se lo espera su víctima. Es sibilina, astuta, es capaz de hacerse la muerta para que su contrincante se confíe y entonces atacarlo de la manera más cruel. Se desliza por el suelo, se arrastra, algo que la relaciona con lo más bajo y mezquino de la naturaleza. Por estos conceptos con los que se relaciona a la serpiente, en los sueños lo que reflejan es que alguien nos engaña o que alguna empresa que tenemos en mente no acaba de parecernos del todo clara. Indican situaciones oscuras donde alguien juega a favor de sus intereses, perjudicando a otros a sabiendas.

Puede ocurrir que lo único que indiquen esas serpientes es nuestra desconfianza, es decir, el miedo o la sensación de ser engañado, que no necesariamente quiere decir que lo estemos siendo. La simple sensación o creencia de que nos están timando u ocultando información que podría ser de nuestro interés puede despertar el fantasma de la mentira.

Toro

El toro es símbolo de fuerza, de empuje, de vitalidad. Con la fuerza de un toro podemos hacer frente a lo que nos venga. Sin embargo, si el toro nos ataca o nos agrede puede querer decir que estamos frente a un peligro del que no sabemos si podremos salir indemnes. Es algo que nos acecha y a lo que hemos estado dándole la espalda y que va a venir a pedirnos cuentas de una manera violenta y sin ambages. Luchar contra el toro y vencerlo es señal de una gran fortaleza interior, de un soñante lleno de fuerza que puede superar cualquier cosa.

Ver un toro muerto es vaticinio de la pérdida de la energía en causas que no merecen tanto esfuerzo pero que acabarán por pasarnos factura en forma de debilidad o derrota.

Algunos intérpretes ven en el toro a los superiores, a los jefes, con los que se tendrán problemas laborales si el toro aparece agresivo en nuestro sueño. Si por el contrario, es sumiso y colaborador, la interpretación tiene más que ver con el carácter dialogante y comprensivo de las personas que tienen un rango superior a nosotros en el trabajo.

Vaca

Las vacas están relacionadas con todo lo monetario. Verlas gordas y bien criadas indicará que nuestra economía pasará por un buen momento. Verlas flacas y enfermas es una señal de que debemos cuidar nuestros ingresos y hacer un mejor uso de ellos.

Las vacas tienen una simbología diferente según el prisma cultural con el que las interpretemos, pero en nuestra cultura occidental este animal está relacionado con el dinero y la prosperidad o la falta de ellos.

Soñar que ordeñamos una vaca y vemos salir la leche es símbolo de prosperidad y de buenos augurios económicos.

Escenarios

Todo relato tiene uno o varios lugares en los que se desarrolla. Los sueños suceden en escenarios reales que se mezclan e intercambian rápidamente e incluso en lugares que no conocemos ni conoceremos. Pueden ser incluso lugares inexistentes o que forman parte sólo de nuestra imaginación. Cualquier escenario es posible y no es casual que ocurra en uno o en otro pues el sentido de los lugares también es muy significativo y tendrá un peso importante en la interpretación del sueño.

Del mismo modo que con los personajes, los escenarios que relatamos a continuación son los que más se repiten en diferentes colecciones de sueños.

La casa y sus habitaciones

La casa de uno es su templo, su lugar, su santuario. Es el lugar en el que nadie entra, el lugar en el que podemos restringir la entrada a quienes queramos y prohibirla a quienes nos resulten desagradables. En el sueño eso se traduce con más intensidad.

El sueño que transcurre en nuestra propia casa nos garantiza, de alguna manera, que jugamos en nuestro campo, que conocemos el terreno y que en nuestro campo nadie nos gana. La situación puede irse de nuestras manos y tornarse complicada, según sea el sueño, pero a buen seguro que tenemos un control más o menos razonable de la situación.

Si soñamos que extraños entran a la fuerza en nuestra casa, si vemos nuestra casa derruida o que algo malo pasa en su interior, a buen seguro que tendremos que vigilar y evitar situaciones complicadas que pueden hacernos la vida más difícil. Las casas derrumbadas indican que pasaremos dificultades, que nuestro templo, el lugar en el que nos sentimos más seguros y protegidos, se tambalea.

Para algunos autores, la parte de la casa con la que se sueña es relevante en el sueño, aunque otros consideran que el lugar es lo de menos pues lo importante es el concepto que se transmite con esa imagen. De hecho, no importa que la casa con la que soñamos sea en realidad la nuestra, siempre que en el sueño tengamos claro o creamos que ése es nuestro hogar.

Sí es importante, por ejemplo, que la casa tenga puertas o ventanas o carezca de ellas. Pero eso lo veremos en el apartado de «Decoración» de los sueños donde haremos hincapié en los elementos decorativos que aparecen en los relatos oníricos.

Baño

El cuarto de baño es el lugar del aseo personal donde sacamos nuestras impurezas físicas y nos acicalamos para mostrarnos al exterior. Es también una estancia de preparación, un lugar de purificación que nos está indicando un cambio, una limpieza, unos preparativos que estamos haciendo para presentarnos ante los demás y ante nosotros mismos renovados, distintos y llenos de buenos propósitos.

El agua es un elemento común en el cuarto de baño, y la falta o abundancia de agua y su calidad pueden darnos más pistas sobre el significado de esta estancia de la casa en nuestro sueño.

Cocina

Es el lugar donde se cuece, se prepara, se condimenta y se sirve la comida. Indica una fase de preparación, de trabajo para conseguir algo. Será importante ver en qué condiciones se encuentra, y eso nos dará una pista de los medios con los que contamos para conseguir un objetivo que nos hemos marcado.

Comedor

Indica reuniones, encuentros, posiblemente familiares o con personas muy cercanas. Cualquier elemento de decoración, los colores y la sensación del soñante acabarán de conformar la actitud con la que afrontamos esa visita o ese encuentro. Es el lugar en el que nos sentamos a comer, donde comentamos la jornada laboral con la familia, donde discutimos o vemos la televisión y, por tanto, es un centro social dentro del hogar pues en él se producen casi todos los intercambios entre las personas que la habitan.

Dormitorio

Está más relacionado con la pareja. El color de la estancia, la sensación que produce en el soñante el decorado, si está bien amueblado o por el contrario destrozado indicarán en qué punto se encuentra la relación sentimental del soñante. Sabiendo que está relacionado con la relación de pareja, sólo deberemos ver el resto de elementos que aparecen en dicha estancia para hacernos una idea del mensaje que nos manda el sueño.

Jardín

Es un lugar de esparcimiento en el que nos relajamos y disfrutamos del tiempo libre. Es una salida del hogar a la calle, al aire libre, al espacio común y compartido por otras personas. Simboliza nuestra vida social, nuestra facilidad o dificultad para relacionarnos y entablar relaciones e indica el uso, malo o bueno, que hacemos de nuestro tiempo libre.

Sótano

Es todo lo contrario de la terraza. Es la oscuridad, la falta de aire, el miedo a lo escondido y lo oculto. Verse en un sótano son miedos que nos acechan y de los que no nos sentimos con fuerzas para escapar. Si estamos en el sótano de manera voluntaria querrá decir que en nuestra mano está salir, y si estamos encerrados por alguien es que somos dependientes de personas que nos atemorizan y a las que tememos enfrentarnos.

Terraza

Es el lugar más alto de la casa, el que toca con el cielo, el que da al aire libre. Es un lugar de escapada, de relax, de evasión de lo cotidiano. Si soñamos en ella, es posible que nuestra cabeza nos esté pidiendo a gritos un respiro que se traduce saliendo a la parte más alta del hogar y donde podemos tomar ese aire que tanto estamos necesitando.

Lugares públicos o irreales

Muchos de los sueños que tenemos no suceden en nuestras casas y ni siquiera en una casa, sea de quien sea. Una gran cantidad de sueños suceden en lugares que denominamos públicos. Cada uno tiene su propio significado aunque, en general, podemos decir que el lugar público hace referencia a algo que hacemos a ojos de los demás, lugares en los que guardamos unas normas de decoro que no tenemos que mantener en casa. En general, estos sueños estarán relacionados con temas de trabajo o de nuestra vida social, algo alejado de nuestra vida privada y propia. Esto puede ser así hasta cierto punto, ya que los asuntos personales pueden alcanzar la esfera pública en ocasiones y viceversa.

También incluiremos en este apartado lugares que podemos denominar imaginarios o irreales como puede soñar que se está en el infierno o en un lugar inventado por nosotros mismos.

Avión

Aunque parezca muy evidente, la mayoría de los intérpretes de sueños consideran que soñar con un avión indica viajes que están por venir. Seguramente sin planear, asuntos que van a requerir un desplazamiento con el que no contábamos y que vamos a tener que hacer queramos o no. Los aviones son el símbolo del viaje, de un viaje rápido que nos transporta en cuestión de horas a lugares muy lejanos. Que se estrelle, no despegue o tarde en arrancar puede manifestar los temores que tiene el soñante de que sus proyectos más ambiciosos hayan sido mero espejismo de un fuerte deseo y en realidad tengan poco que ver con las posibilidades reales de conseguir esos objetivos.

Para los psicoanalistas el avión tiene un claro componente sexual relacionado con el deseo y las ganas de probar nuevas experiencias y mejorar en nuestro conocimiento sexual.

Bancos

Soñar que uno se encuentra dentro de una entidad bancaria indica, sin lugar a dudas, que el soñante está preocupado con alguna cuestión de dinero. Le angustia algún pago pendiente, la falta de liquidez para hacerle frente o alguna deuda que arrastra desde hace tiempo y no sabe cómo resolver. En este caso deberíamos buscar la interpretación más cercana a la realidad porque sin duda el relato nos habla de preocupaciones monetarias.

Barco

Un barco es un medio de huir, de poner tierra y agua de por medio. Para los freudianos es el útero materno, lugar de total seguridad y confort. Según esta interpretación el sueño puede estar indicando que estamos protegidos y amparados en aquellos proyectos y experiencias que se nos plantean. Otra interpretación posible es que buscamos ese calor y esa protección porque nos sentimos solos y con pocos apoyos. En cualquier caso el barco es visto como un medio, un lugar en el que buscamos los recursos con los que hacer realidad nuestros sueños.

El barco tiene una carga simbólica muy importante debido al medio por el que se mueve: el agua. Y también porque la vida en alta mar está llena de toda clase de leyendas y de un lenguaje propio que es muy sugerente.

Los naufragios, el color y movimiento del mar y todos los detalles que rodeen el sueño serán muy importantes, y el barco deberá interpretarse como medio de escape o de llegar hasta donde nos proponemos.

Bibliotecas

La biblioteca es un lugar público pero en el que se debe mantener silencio y al que las personas, una vez dentro, se dedican a lo suyo sin molestar a los demás. La biblioteca tiene una carga simbólica importante de conocimiento y saber. Es un lugar que se interpreta como de crecimiento, un lugar fructífero.

Si en la biblioteca nos encontramos con alguien y hablamos, a buen seguro que llegaremos a un pacto o contrato provechoso. Es un pacto, un intercambio con el que crecerá no necesariamente a nivel económico sino también de conocimiento y a nivel personal. Si por el contrario, estamos solos, es probable que ese crecimiento tengamos que procurárnoslo nosotros mismos, podemos estar ante un período de crecimiento personal, una etapa de enriquecimiento de la que, sin duda, el soñante saldrá reforzado.

Calle

Soñar que estamos en la calle, por mucha gente que haya, indica que sentimos en mayor o menor medida soledad. La calle es el lugar de todos y de nadie, nadie puede, aunque viva en ella, considerar que la calle es su casa. Puede querer decir que nos sentimos solos ante una empresa concreta que queremos emprender, que estamos desamparados porque en lugar de vernos rodeados y protegidos por cuatro paredes nos sentimos anónimos y solos en medio de una gran cantidad de gente.

Camino

Un camino es un objetivo, es la vida en la cual seguimos un objetivo, un ideal, algo que queremos lograr. Verlo cerrado en el sueño señala un inconveniente, mientras que si seguimos en ese camino sin tropiezos es un anuncio de que el soñador alcanzará altas posiciones sociales o tendrá éxito en sus negocios.

Ver un camino abierto y sin fin es el vaticinio de vida larga, un signo de triunfo y de provecho en la labor diaria. El camino es también el símbolo de la ley y salirnos de él puede traernos muchas complicaciones.

En el sueño donde aparezca un camino deberemos tener muy en cuenta los elementos que aparecen en él, los colores y otros detalles porque van a darnos el sentido completo de un elemento que tiene una gran carga simbólica.

Cárcel

Soñar que estamos dentro de una cárcel indica que nos sentimos aprisionados por nuestra vida y no vemos la manera de salir, pues son las circunstancias las que deciden por nosotros. La cárcel puede ser voluntaria, es decir, puede ser que sea un recinto del que podemos salir con facilidad pero no lo hagamos por miedo a lo que nos espera fuera.

Algunos intérpretes apuntan a que la cárcel puede ser símbolo de reflexión, de un período en el que estamos especialmente inactivos pero en el que nuestra cabeza está trazando nuevos planes o revisando la trayectoria vital para hacer cambios significativos en nuestra manera de comportarnos.

Castillo

Para muchos el castillo es equivalente al sentido que tiene la casa pero con un añadido de prestigio y consideración. Si el castillo es nuestro en el sueño, veremos elevado nuestro estatus o quizá estemos trabajando por conseguir un nivel de vida más alto que acabaremos consiguiendo.

El castillo al que se entra o uno es invitado es una señal de éxito y reconocimiento profesional. Gracias a nuestros méritos hemos conseguido ser aceptados y se nos permite la entrada a un lugar tan lujoso como un castillo. Por el contrario, si queremos entrar y no podemos, bien por los fosos, bien porque algo o alguien nos lo impide, es que la entrada a ese mundo aún está cerrada para nosotros y no ha llegado el momento de recoger los frutos de nuestro trabajo.

Los castillos en ruinas indican lo contrario y pueden ser un aviso de que estamos tomando decisiones equivocadas que pueden comportarnos problemas económicos serios.

Cementerio

Verse en un cementerio es una llamada a la reflexión, es un lugar de descanso y de tranquilidad. El inconsciente nos dice que debemos detenernos a mirar nuestra obra y rectificar aquello que no sea correcto. También puede anunciar lágrimas y tristeza por algo que se termina para siempre. Es un lugar donde se reúnen muchos muertos, muchas almas que pueden guiarnos a tomar decisiones acertadas siempre que seamos cautos y responsables y nuestras decisiones sean fruto de la reflexión.

A menos que sean sueños recurrentes, los sueños en que aparece un cementerio suelen producirse en períodos de duda, de incertidumbre, durante los cuales sentimos la necesidad de vigorizar nuestras propias convicciones a la vez que nos sentimos ligados con el pasado, ya sea por una añoranza del mismo o por el sentimiento de continuidad con una tradición, con un pasado del que estamos orgullosos y que tememos que la superficialidad y el frenesí de la vida cotidiana nos haga perder.

Si este sueño nos hace ver claro el peligro de caer en la estéril añoranza del pasado y sabemos tomar a dicho pasado como base y punto de partida para seguir adelante, entonces se trata de un buen sueño que hará posible que seamos capaces de continuar en el futuro lo que tuvo su inicio en el pasado.

Colegio

Es muy frecuente que el soñante se vea de nuevo en la escuela cuando debe afrontar cualquier tipo de prueba, aun cuando no se trate de un examen, y refleja la tensión que siempre precede a estas ocasiones.

De no ser así, indica nuestra frustración ante las actuales circunstancias, de cómo se desarrolla nuestra vida actual. Es como si nuestro subconsciente quisiera recordarnos que la vida es un continuo aprendizaje que no debemos rehuir. El sueño nos está diciendo que no debemos abandonar nuestro crecimiento intelectual, mental y espiritual y debemos ser muy conscientes de que, para avanzar en la vida, hay que estar con los ojos siempre abiertos y dispuestos a aprender siempre cosas nuevas. Otra interpretación es la del escape, la de huir de la realidad actual, la resistencia a hacerse adulto que en sueños puede verse representada por esa vuelta al colegio de cuando éramos niños.

Desierto

El desierto es la aridez, la falta de agua, de vida. El sol quema, hiere y sería raro que encontráramos a alguien en un lugar así. De esta forma, el desierto indica soledad, esterilidad, pobreza y desamparo en cualquier aspecto de la vida. Dicen los oniromáticos que el desierto es presagio de pobreza, de pérdida de los bienes materiales.

Un sueño frecuente es aquel en el que el soñante se ve solo en el desierto, sin agua, sin nadie. Puede ser interpretado también como el signo de una carencia afectiva, pues la soledad es absoluta y ni siquiera nos acompaña el ruido, los edificios o el bullicio que puede haber en una ciudad. La falta de amor debe interpretarse siempre desde otra vertiente, pues es posible que no recibamos ninguno porque no somos capaces de darlo. El desierto es esterilidad no sólo del medio que nos rodea, sino que puede ser signo de la nuestra propia, de un bloqueo emocional que nos impida relacionarnos con normalidad.

Es necesario saber la situación en la que se encuentra el soñante, porque el sueño del desierto puede ser interpretado desde una óptica principalmente material, pero es posible que esté relacionado con una situación sentimental o afectiva que produce gran pesar al que lo sueña.

Hospital

Soñar que se está en un hospital, aunque sea de visita, tiene una connotación negativa, entre otras cosas por el miedo y lo que comporta en las sociedades occidentales. Nadie quiere enfermar y tener que ir, ni tener a ningún ser querido en el hospital. De ahí que las connotaciones sean negativas. No tendrá nada que ver con la salud, es más probable que sea reflejo de una situación de grandes cargas y pesares para el soñante. Una sensación que se traduce viéndose en un hospital, un lugar que suele ser visto como el lugar donde muere la gente, un lugar lleno de enfermos. La carga psicológica se traduce en este caso en un temor a la enfermedad, a un daño mayor que nos haga más pesada aún la carga psicológica que tiene el soñante en esos momentos. Aunque hay quienes apuntan de que puede servir de alivio, ya que al menos el soñante dispone de salud para afrontar lo que venga.

Hotel

Los hoteles son lugares de paso, a los que vamos durante nuestros viajes, por eso de una manera velada lo que están indicando los hoteles en los sueños son desplazamientos inesperados. Por algún motivo deberemos dormir fuera de nuestro lugar habitual y además será de una forma repentina. El resto de detalles marcará mucho el sentido completo y certero del sueño, pero a grandes líneas los onirománticos vislumbran un viaje en aquellos relatos oníricos en los que aparece un hotel.

Iglesias, templos

La iglesia en nuestra cultura es el lugar de encuentro con Dios, de oración y meditación. Para la mayoría de los intérpretes de sueños, la aparición de una iglesia es un signo positivo pues indica fuerza y energía para emprender cualquier proyecto que tengamos entre manos. Es símbolo de paz, de serenidad y buen juicio, aptitudes que servirán para que hallemos la felicidad en cualquier ámbito de la vida.

Para los onirománticos, si una persona está pendiente de alguna cuestión de trabajo, de algún proyecto importante y sueña con una iglesia, es un signo claro de que el soñador triunfará en esa empresa que se propone.

La mística interpreta la imagen de la iglesia como la de una esposa o cualquier otra figura femenina que nos protege y vela por nosotros. No es una interpretación incompatible con la anterior pues de alguna forma es un espíritu maternal el que se desprende de ella, un aliento y un ánimo que nos orienta y aconseja, que nos calma y nos da perspectiva para tomar las mejores decisiones posibles.

Si no nos dejan entrar en la iglesia, el sentido es claro. De alguna manera nos sentimos aislados, incomprendidos, fuera de lugar, pues la iglesia no deja de ser un punto de encuentro social, un lugar en el que se dan cita personas que comparten una fe. Ver que nos echan es la culminación de ese rechazo, nos sentimos fuera del grupo, desprotegidos, rechazados y humillados. Será interesante ver cuál es la situación del soñante en su grupo de familiares y amigos o en el trabajo porque a buen seguro sufrirá una situación de despego, quizá inconsciente, que el sueño revela con mayor nitidez.

Los oniománticos sostienen que ver construir una iglesia es un presagio feliz, un sueño premonitorio que trae al soñante felicidad y equilibrio para hacer frente a cualquier circunstancia que se le presente.

Un sueño que es común y en la cultura occidental suele tener como escenario una iglesia, son las bodas. Pero este sueño tiene una simbología tan amplia y tan estudiada, que hemos decidido dedicarle un apartado propio en el capítulo «Acción y trama».

Infierno

El infierno en las culturas cristiana y musulmana es el lugar al que van a parar aquellos que se han comportado mal a lo largo de sus vidas. El infierno puede ser interpretado como el temor del soñante a las consecuencias que pueden tener actos que ha cometido a sabiendas de que no son correctos o legales. Puede tener un sentido parecido al que tienen las prisiones en los sueños, que reflejan un miedo del soñante.

La entrada voluntaria en un lugar onírico que el soñante identifique con el infierno nos habla de una curiosidad del que sueña por adentrarse en terrenos que aun sabiendo peligrosos quiere explorar.

Isla

La isla simboliza el refugio, la seguridad y la libertad. Son lugares donde se cumplen nuestros deseos de evasión y de aventuras. La isla, sin embargo, también puede indicar introspección, que puede ser deseada debido al ritmo de vida que tengamos o simplemente puede ser el reflejo de un carácter tímido y reservado que nos hace sentirnos un poco al margen del mundo que nos rodea.

Cuando soñamos que huimos de nuestros enemigos y nos refugiamos en una isla, en el sueño se refleja el deseo de escapar de nuestras condiciones actuales. Si en la isla hay mucha gente es que en la vida real nos sentimos solos y la huida es para buscar nuevas amistades y compañías, pero en todos estos sueños siempre existe un deseo de libertad ilimitada.

Jaula

El sentido de este objeto está claro dentro del relato onírico pues es símbolo de aprisionamiento y falta de libertad y movimientos. Si el soñante se ve a sí mismo dentro de una jaula es que se siente impedido y sin libertad para hacer las cosas a su manera. Si ve a otra persona, es posible que ésta le esté reclamando ayuda para poder emprender algo que tiene entre manos. Si lo que vemos es un animal enjaulado, el sueño está más referido a determinadas tensiones o conflictos que están encerrados, aunque sólo de momento, ya que en cualquier momento pueden salir y provocarnos algún enfrentamiento con alguien. Será interesante ver el material, si quien está encerrado consigue salir y la importancia que tiene el objeto en el conjunto del relato.

Juzgados

Verse dentro de un juzgado no tiene por qué estar relacionado directamente con una cuestión legal. Lo que suele indicar este escenario es que el soñante se encuentra observado, vigilado, puesto en cuestión y que además la opinión o juicio que los demás hacen de él no se ajusta a la realidad. Es como si, de alguna manera, se estuviera cometiendo una injusticia con él.

Algunas intérpretes creen que los juzgados indican una pérdida económica, una fuga de dinero que el soñante va a perder, de una manera legal u oficial, no a través de ningún acto delictivo pero que le va a costar desembolsar cierta cantidad de dinero que no tenía prevista. Para otros el soñante tiene cierta responsabilidad en esa pérdida pues parece que es un sueño que se repite en personas con negocios que son conscientes de no haber actuado con prudencia en algunos asuntos, y de alguna forma, temen verse juzgados o que les pidan explicaciones.

Laberinto

Entrar en el sueño en un laberinto es caer en sospechas, apartarse de la verdad y de la justicia. Es un lugar del que es difícil o imposible salir y donde podemos perder infructuosamente el tiempo andando e intentando encontrar la salida. En el laberinto podemos perdernos recorriendo caminos que no conducen a ninguna parte, por eso, en sueños, puede representar el miedo a cometer errores y el alejamiento de la realidad.

Parece obvio decir que el laberinto presagia o refleja disgustos y dificultades de todas clases, pero si en el sueño conseguimos salir del mismo, es que hallaremos una solución inesperada que nos permitirá salir victoriosos de un asunto complicado.

Lago

Un lago suele ser apacible y habla de satisfacción y placidez a nivel emocional y afectivo por aparecer el elemento agua. Sin embargo, si las aguas son turbias o turbulentas anuncian problemas en los negocios y el amor.

Lo que diferencia a las aguas de un lago de las de un pantano es que las del primero son vivas, simbolizan la vida, mientras que las del segundo aguas estancadas de fácil putrefacción. Soñar con un lago, a priori, es una buena señal mientras un pantano habla de situaciones estancadas y de complicada resolución.

Un lago rodeado por vegetación y un entorno fértil y agradable indica una vida muy rica a nivel sentimental. Sin embargo, si el entorno es árido y duro, indicará que a pesar de contar con amor y fidelidad, el entorno en el que nos movemos no es nada propicio para hacer florecer ese amor de una manera plena y satisfactoria.

Lugares extraños

Soñar que uno se encuentra en un lugar extraño que no es capaz de identificar y que le provoca extrañeza hasta el punto de ser ése el tema del sueño, indica desolación. Es, de alguna forma, el extremo de soñar con la calle. Es la desolación absoluta porque no sólo soñamos que estamos en un lugar público donde nadie nos distinguiría de otra persona, sino que además no estamos ni en nuestro país, ni en nuestra ciudad, ni en ningún sitio que nos sea familiar. Si además tenemos claro que estamos en un lugar extranjero, la desolación será total porque además tampoco conocemos el idioma, ni los códigos y, por tanto, no sabremos cómo actuar.

La situación puede ser síntoma de una situación real de angustia y desubicación. Suele ser reflejo de una situación de desconcierto o ansiedad que vive el soñante. Puede reflejar el miedo que tiene el que sueña a la soledad o a tener que irse o mudarse de donde vive. No tiene porqué ser premonitorio, simplemente puede estar poniendo de manifiesto un temor que tiene el soñante respecto a su futuro o su estabilidad.

Si por el contrario, nos sentimos bien y nos hacemos entender es un sueño que habla de nuestra capacidad de adaptación a las diferentes situaciones en las que nos va poniendo la vida.

Paraíso

Verse en el paraíso indica una necesidad de calma y placidez por parte del soñante que además tiene la sensación de que merece un premio por alguna actividad a la que dedica muchos esfuerzos. El paraíso es un lugar en el que no existe el dolor, además es el premio de aquellos que durante su vida terrenal se han portado bien y han cumplido todas las normas. Por eso debe interpretarse como un lugar merecido, como un sitio en el que el soñante se cree con derecho a entrar porque considera que se ha portado bien.

Si el soñante se ve queriendo entrar pero no le dejan o no lo consigue, estará extrapolando al relato onírico cierta injusticia que piensa que se comete con él en la vida real, provocada quizá por una falta de reconocimiento en aquello que hace.

Parque

Suele haber coincidencia en el sentido que tiene un parque como escenario de un sueño: la añoranza. El parque nos retrotrae a cuando éramos niños y pasábamos horas en lugares parecidos, sin preocupaciones y sin horarios. Que un adulto sueñe con un parque puede indicar que vive una etapa pensativa y de remembranza, un tiempo en el que está repasando su vida o analizando en qué se ha equivocado y en qué ha acertado.

Suele darse cuando el soñante tiene la sensación de haberse equivocado demasiadas veces y el parque es un lugar calmado, que da paz para pensar y en el que, de alguna manera, refugiarse para pasar revista a nuestros actos.

Si en lugar de tranquilidad, el soñante se ve acudiendo a un parque donde no encuentra esa calma que necesita, es posible que su inconsciente le esté mandando la señal de que necesita calma, que debe alejarse del ruido y del ajetreo diario y tomarse un pequeño descanso en el que reflexionar sin dejarse influir por el qué dirán o las opiniones de quienes le rodean.

Piscina

El sentido de este escenario puede variar si la piscina es pública o por el contrario nos pertenece o en ella nos sentimos en absoluta privacidad. La piscina tiene el valor de la recompensa, es un espacio de esparcimiento y relajación y debe interpretarse como un premio o recompensa después de un arduo camino de trabajo y esfuerzo. Como esté el agua de la piscina será fundamental para la interpretación completa, pues aguas turbias nos indicarán que la recompensa no será tal, mientras que aguas limpias y cristalinas nos darán cuenta de que el esfuerzo va a merecer la pena.

Si la piscina es pública y está llena de gente querrá decir que esa recompensa será conocida por mucha gente y nos reportará el reconocimiento de otras personas, mientras que si es pública pero esta vacía, es probable que disfrutemos de un éxito privado que pocos más llegarán a conocer.

Es importante tener en cuenta el sentimiento que nos produce estar en la piscina. Si la sensación es de absoluta normalidad será señal de que aceptamos el reconocimiento con tranquilidad y sosiego, mientras que si nos sentimos desnudos y avergonzados puede ser que el reconocimiento de nuestros logros nos produzcan miedo a tener que desempeñar una actividad social más activa de lo que nos gustaría por tener un carácter algo tímido.

Playa

La playa, el agua, son símbolos de purificación, de limpieza. El agua tiene un poder regenerativo, limpia las penas, las culpas, el pasado. El agua salada arrastra todo lo malo, el mar que ocupa tres cuartas partes del mundo limpia y asegura la regeneración. Soñar con el mar es símbolo de renacimiento, de volver a empezar. Suele ser signo de una nueva etapa que se comienza o símbolo del final de una etapa que ha sido especialmente pesada o penosa.

El mar ha tenido un gran peso en todas las culturas y sobre él se han escrito multitud de leyendas e historias. No es casualidad que muchos rituales mágicos o esotéricos tengan lugar en el mar, un lugar que además es la vía de contacto con otros países y otras culturas; un lugar en el que vive una fauna casi más rica que la de la tierra y que no conocemos en profundidad; el mar causa temor y curiosidad y sabemos que del agua surge la vida. Sin el agua, no hay vida, junto al agua se han creado las grandes civilizaciones y las ciudades. Es indudable el gran simbolismo del mar a nivel onírico.

Es frecuente el sueño en el que el protagonista se ve arrastrado por una ola. Es una buena señal siempre que uno se salve y logre salvar aquello que más aprecia. Indica una regeneración total, una nueva vida tal vez, un empezar de nuevo gracias a la purificación que sobre el soñante ha hecho el mar con sus aguas.

Las playas son sinónimo en nuestra cultura de relax y tiempo libre. Si nos vemos solos en una playa, sin apenas gente, en un paisaje agradable a nuestros ojos, quizá nuestro cuerpo nos está pidiendo calma y una pequeña parada para reflexionar sobre nuestra vida. Si, por el contrario, la playa está llena de gente y a pesar de eso la sensación es positiva, lo que estamos buscando de una manera inconsciente es el reconocimiento, una vida plácida donde se nos reconozca todo el esfuerzo que hacemos a diario sin necesidad de tener que estar demostrando todo el tiempo cuánto vale lo que hacemos.

Las aguas del mar también pueden aparecer sucias o contaminadas, como veremos en el próximo apartado de los ríos. Y en ese caso, deben esperarse malas noticias, finales poco agradables, tal vez miseria y destrucción. En onirocrítica el mar suele tener un sentido más positivo que el de los ríos, debido a que son un final, un lugar de encuentro de todas las aguas fluviales, el final de muchos caminos, mientras que los ríos son los caminos mismos, en muchas ocasiones metáfora de la vida y el destino de cada persona que sueña con ellos.

Río

Soñar con un río indica dificultades. Al contrario de las playas que son espacios abiertos, de libertad y regeneración, los ríos están llenos de meandros, saltos, desniveles. Tendrán importancia todos los detalles que rodeen al río, pero en especial el tipo de agua que veamos correr por él.

Si el agua es limpia y cristalina y discurre sin demasiados sobresaltos, es apropiado pensar que las dificultades serán superadas y merecerán la pena pues la corriente transcurre tranquila, proporcionando un agua limpia que es sinónimo de vida y fertilidad. Si además el soñante se ve sumergido en esas aguas, los obstáculos superados le harán crecer personalmente y le traerán una nueva vida más próspera.

Si por el contrario, las aguas bajan sucias y bravas, la situación que el soñante vive en la vida real es preocupante y a buen seguro tendrá que cubrirse bien las espaldas pues este sueño no augura un final feliz. Si además de sucias las aguas se desbordan y provocan inundaciones que arrasan con todo, incluido el soñante, es muy probable que alguna desgracia importante esté por venir.

Tiene multitud de lecturas, pues los oniromânticos aseguran que si una persona sueña que contempla un río, lo que hace es dejar perder sus energías en la simple contemplación. Ese sueño indica inactividad, pasividad ante el propio futuro y es una llamada de atención para el soñante que debe canalizar mejor sus fuerzas.

En los diferentes libros de interpretación de los sueños consultados hay un sueño que se repite: el salto de una orilla a otra. Tiene un claro significado que indica que el soñante tiene una meta muy concreta por alcanzar. Si se supera el salto, el triunfo será seguro. Si por el contrario, se tropieza, es probable que encontremos más trabas de las previstas y que la empresa no llegue a buen puerto.

Remontar un río a contracorriente indicará duros esfuerzos y oposiciones de quienes nos rodean para conseguir algo que anhelamos. El triunfo dependerá de si conseguimos o no vencer la fuerza del río y llegar hasta donde nos proponemos. Subir el río sobre una embarcación da la señal de que el soñante está protegido, cuenta con algo más que sus brazos para superar la fuerza de las aguas, quizá otra persona que nos apoya o medios económicos o de otro tipo que nos harán más fácil llegar al final.

Dicen los expertos en la interpretación que no es buena señal beber agua de un río pues, de alguna manera, sería bebernos nuestra propia energía y acabar con ella. De la misma manera, ver saltar al agua de un río a familiares o amigos es un mal presagio, aunque también dependerá del tipo de río que se visualice pues, como ya hemos indicado antes, las aguas limpias y calmas nos dan una idea de pureza y renovación que puede indicar el inicio de una nueva etapa vital más fructífera.

Teatro

Es interesante que nuestro sueño se produzca dentro de un teatro, pues de alguna manera el sueño nos indica desde qué perspectiva y qué papel tenemos en nuestra propia vida. Si nos vemos sentados como espectadores a ver qué sucede en el escenario es probable que estemos viendo la vida pasar mientras son otros los que actúan y toman decisiones que nos afectan sin que nosotros hagamos nada.

Si por el contrario nos encontramos encima del escenario, tenemos las riendas de nuestra vida, aunque habrá que ver y tener en cuenta qué sensaciones tiene el soñante encima de ese escenario pues puede ser que se sienta incómodo o poco preparado para representar la función que se espera de él. Verse dirigiendo una obra o preparando detalles de la misma indica que somos los únicos responsables de nuestros actos, lo sabemos y nos hacemos cargo de ello sin ningún temor.

El teatro como escenario del relato onírico está muy entroncado con toda la parte emocional de la persona, con su desarrollo artístico y su proyección pública pues en él se exhiben las personas o contemplan a otras y se representan manifestaciones artísticas de toda índole.

Si jamás hemos soñado con un teatro y después de asistir a una función tenemos un sueño en un escenario parecido, deberemos, como siempre, recurrir a una interpretación basada en el hecho real, que una vez registrado en nuestra memoria nos hace volver a lugares y acciones que ya hemos experimentado anteriormente.

Tren

Vernos dentro de un tren es una señal de camino bien planificado. Las vías de un tren nos llevan a sitios concretos, trazados de antemano, al contrario que ocurre si cogemos nuestro propio coche y elegimos el camino y si, mientras vamos andando, vamos improvisando la ruta a seguir.

El tren es un signo de madurez, de que por fin hemos hallado el camino que nos conviene y no vamos a ir más de manera errática por la vida. El tren nos indica ese camino y, generalmente, soñamos con la estación de partida y rara vez con la de destino, pues siempre es difícil saber adónde nos van a llevar los caminos que emprendemos.

Por eso un tren que nos atropella simboliza a una persona con las ideas claras y madurez suficiente para pasar por encima de nosotros en períodos en los que estamos llenos de dudas. El descarrilamiento de un tren es un aviso de que el camino emprendido es correcto pero, posiblemente, nos falten fuerzas a mitad del camino para continuar con el viaje y se hace necesaria una madurez de la que en el momento del sueño nos disponemos.

Por su simbología, un tren del que nos bajamos sin traumas, de manera voluntaria y con buena sensación nos indica que hemos llegado al final de un camino que nos hemos trazado y que sólo nosotros hemos decidido en qué momento ese viaje ha llegado a su fin.

Decorados y elementos de atrezzo

El mobiliario, la decoración, los objetos y todo tipo de detalles se hacen más grandes a nuestros ojos cuando soñamos. A veces un simple reloj es el único detalle que recordamos de una larga noche de sueños. Los objetos son importantes, quieren decir cosas. En este apartado consideraremos como objetos las partes del cuerpo que por separado pueden adquirir sentido propio, como lo haría una lámpara, un reloj o un anillo. Los colores son esenciales en la interpretación del sueño, por eso analizaremos el significado. Algunos elementos, como la luz o los fenómenos atmosféricos, también serán analizados en este apartado pues dan mucha información y ayudan a conformar el escenario o marco donde se desarrolla el sueño.

Significado de los colores

El significado de los colores que predominan en un sueño está muy ligado al sentido esotérico o místico que se le han dado a los colores a lo largo de los tiempos. Sabemos, por ejemplo, que el rojo está asociado a las cosas pasionales o amorosas, o al menos, así lo hemos considerado por una especie de acuerdo común no escrito. Veamos el simbolismo de los colores más importantes o que más aparecen en nuestros relatos oníricos.

Amarillo

Es cierto que tenderemos a darle el sentido que para nosotros tengan cada uno de esos colores. A alguien a quien le horrorice el amarillo porque desde pequeño oyó que traía mala suerte, no habrá manera de hacerle creer que el amarillo es el color del papeleo, de los trámites, de los problemas con la justicia, de cualquier documentación que estemos moviendo en los momentos en que tenemos un sueño donde aparece ese color. Ni que decir tiene que para un torero, para los que el amarillo es signo de mala suerte en la plaza, el sueño en el que aparezca este color predominando será interpretado por él como un mal augurio relacionado con su trabajo.

Pero el amarillo está relacionado con las cuestiones laborales y así, el sueño que no habla abiertamente de trabajo pero en sus escenarios predomina el amarillo o los objetos destacados son de ese color, debe ser interpretado como un sueño que da información sobre cuestiones laborales.

Azul

El azul es paz y sosiego, confianza, seguridad y por tanto tranquilidad. Soñar con objetos o escenarios donde predomina el azul es un buen augurio porque querrá decir que podemos estar tranquilos, que la situación está controlada, que nos sentimos confiados y eso nos hacer vivir en paz.

Cuando asociamos el azul a alguna persona concreta porque aparece vestida de ese color en nuestros sueños o porque le acompaña algún elemento azul, es que estamos convencidos de que es alguien de fiar, alguien en quien nos apoyamos y a quien nos abrimos, una persona que nos proporciona calma y seguridad en un determinado entorno.

Blanco/Negro

Con el color blanco hay consenso: simboliza la paz, la pureza, el todo. El blanco nos anuncia períodos de calma, de paz interior, de perfección. El negro, sin embargo, suele tener mala fama y sin embargo los intérpretes consultados suelen coincidir en que es un rompedor de maleficios y de ciclos negativos. Si pasamos una mala racha y soñamos con el color negro dominando el escenario onírico es posible que esa etapa esté por finalizar, que termine, que de alguna forma se hayan roto las cadenas que nos tenían metidos en un círculo de mala suerte o pocos aciertos.

Gris

El gris es el color de la ceniza y de la bruma, revela miedo, angustia, abatimiento, inercia, indiferencia y dolor. Dicen algunos intérpretes que los sueños en los que aparece una la niebla grisácea pertenecen a las capas profundas del inconsciente y revelan todo aquello que se resiste a salir a la luz y que forma el substrato de nuestros temores y angustias vitales.

Marrón

El marrón está relacionado con el trabajo, con el mundo laboral e indica cambios, normalmente positivos. Es el color esotérico que usan los chamanes y hechiceros para dar buenas energías a aquellos que tienen entrevistas de trabajo o exámenes pendientes. Sea cual sea el contenido del sueño, lo que tendremos que tener claro si aparece el color marrón, es que habrá que hacer una lectura que esté relacionada con cosas del trabajo o de nuestros estudios.

Morado

El morado es un color muy importante en la cultura cristiana y es probable que los practicantes de esta confesión vean señales distintas cuando aparezca este color en alguno de sus sueños. Pero en onirocrítica el morado es el color de la traición, de alguna promesa incumplida que nos hará padecer en mayor o menor medida. Son ilusiones rotas porque alguien no cumplirá su parte de un trato o pacto, indica el desencanto porque es probable que algo sobre lo que teníamos muchas expectativas puestas, acabe por no realizarse. El morado es entonces el color de padecimiento y del dolor.

Naranja

El naranja es el color de la salud. Es probable que estemos pasando un mal momento del que no somos conscientes pero nuestro cuerpo nos avisa. En este caso, no se trata de una premonición sino de mecanismos que tiene el propio organismo para darnos señales de que hay alguna cosa que no funciona del todo bien. De todas formas, para los onirománticos, si el color naranja predomina en uno de nuestros sueños, deberemos estar alerta porque o nosotros o alguien de nuestro entorno sufrirá problemas de salud, probablemente serios.

Rojo

El rojo, tan relacionado con el amor y la pasión, representa la fuerza. Son energías renovadas, fortalecidas y capaces de hacernos superar cualquier cosa. El rojo nos da la idea de que podemos hacer frente a cualquier cosa y que todo aquello que emprendamos contará con la inestimable ayuda de una energía a prueba de bomba. Toda esa energía puede estar muy relacionada con el tema amoroso, que se verá reforzado y engrandecido con un caudal de energía del tipo que proporciona el color rojo. Es posible que aquellos sueños de temática amorosa o sexual estén teñidos de este color al que le hemos dado, culturalmente, la categoría de color del amor.

Verde

El verde, aunque suene tópico, es la esperanza. Es la vida natural que nace y crece, el futuro, el lado positivo que deben mantener los humanos para seguir adelante aunque todo salga mal. En un sueño puede ser síntoma de cierta pérdida de fe y de confianza en nuestras posibilidades o en el futuro. El sueño en verde nos da esperanza, nos anima a ver las cosas desde otra perspectiva más optimista, basada en la acción y no en el lamento.

Objetos destacados

Partes del cuerpo

Boca

La boca, en los sueños, es quizá un elemento que se recuerda con menos frecuencia que, por ejemplo, los dientes. Sin embargo tiene una importante carga simbólica relacionada con el hecho de que a través de ella nos comunicamos y nos alimentamos, dos acciones básicas para todo ser humano.

La boca, en el sueño, es la llave y el cierre de todos los problemas y asuntos que preocupan al hombre; es su bien y su mal, el medio de su subsistencia, su triunfo o su derrota. Todo lo que de la boca sale en el sueño se interpreta por cosas buenas si las palabras son correctas y honestas, y viceversa. Así, soñar con alguien que mantiene la boca cerrada de manera casi antinatural es signo de desagrado, de que nos rechaza y no tiene ninguna intención de comunicarse con nosotros porque eso significaría que no somos de su agrado. Una dimensión elemental del simbolismo anatómico de los sueños es la identificación del órgano con la función, por esta causa en los sueños existe una relación muy clara entre la boca y la facultad de expresarnos, de comunicar con los demás.

Por ello, los sueños en que hablamos con quien tenemos delante tienen este sentido de comunicación, mientras que si mantenemos la boca cerrada expresa el rechazo profundo a la otra persona, la negativa a comunicarnos, y lo mismo ocurre si quien mantiene la boca cerrada es la otra persona, ya sea con nosotros o con una tercera.

Si es uno mismo el que se ve con la boca cerrada, sin posibilidad de abrirla, es signo de algo que se mantiene estancado: un negocio, un proyecto. Es el símbolo de que no podemos hablar para explicarnos, para hacer que avance, para convencer a los demás de las bondades de nuestra empresa.

Si se sueña con una boca grande y agradable indica riqueza, abundancia y acrecentamiento de los bienes. Por el contrario, una boca pequeña es síntoma de pobreza y miseria. Si la boca que vemos nos resulta fea y desagradable, la sensación será de decepción y traición y además sentimos que tiene mal aliento, el significado estará más relacionado con enfermedades y pesares.

Brazos

Si en un sueño uno o los dos brazos tienen una apariencia distinta de cómo deberían ser en realidad es señal de obstáculos y fracaso en alguna empresa que tengamos en marcha. Lo mismo sucede si lo que soñamos es que nos rompemos alguno de los brazos. También está muy relacionado con penurias económicas. Si se siente dolor en algún brazo, el soñante se siente de alguna manera impedido o frenado para llevar a cabo proyectos que le ilusionan y eso será causa de dolor y tristeza.

En cambio, verse los brazos vigorosos y musculosos es presagio de actividades beneficiosas, es un esfuerzo recompensado, suerte y fortuna en aquello que emprendemos sea de la índole que sea.

Los brazos, a nivel onírico, son vistos como herramientas, útiles que nos sirven para emprender cualquier tipo de trabajo manual o símbolo corpóreo de esfuerzo que conlleva cualquier cosa que queramos llevar a la práctica.

A veces puede estar relacionado con personas, es decir, si alguien sueña que pierde los dos brazos, es posible que el sentido esté relacionado con seres queridos o cercanos que nos ayudan en la vida y que podemos perder, pues los brazos simbolizan la acción, la amistad, la fuerza. En onirocrítica la pérdida de un solo brazo implica la muerte de familiares o amigos, de un hombre si el brazo que falta es el derecho y de una mujer si es el izquierdo.

Cabeza

La cabeza representa la más alta jerarquía humana, es el centro que rige todo el cuerpo y el espíritu, pues alberga el cerebro, órgano sin el que no podríamos vivir. Por eso, si uno sueña que tiene la cabeza más grande de lo que es en realidad, se interpreta como un honor que vamos a recibir, un ascenso en nuestra posición social, una mejora en la percepción que los demás tienen de nosotros y con la que honraremos a nuestros mayores. Por el contrario, vernos con una cabeza más pequeña de lo que nos corresponde indica una pérdida de jerarquía, de poder y respeto por parte de los demás.

En la literatura que hay sobre la interpretación de los sueños puede encontrarse un sueño curioso y no muy frecuente relacionado con la cabeza pero que es altamente significativo. Hay personas que han soñado que tienen dos o tres cabezas. Es un sueño que indica que el soñante está más que capacitado para enfrentarse a sus enemigos y vencerlos, sin embargo, si quien sueña eso es un soltero que tiene intenciones o deseos de formar una familia, este sueño indica que conseguirá cumplir ese proyecto.

Verse a uno mismo con la cabeza metamorfoseada en algún animal se interpretará dependiendo del animal en el que se haya convertido nuestra cabeza. Por ejemplo, si es un león, indicará gobierno y poder; si es un perro o un burro, fatiga y pesadumbre; en elefante, tigre o lobo, trabajos extraordinarios que darán poder y triunfo sobre los enemigos. Éstos son sólo algunos ejemplos que pueden ampliarse viendo el significado de los animales que más aparecen en nuestros sueños.

Si uno sueña que un rey, un jefe o alguien de mayor rango que él le corta la cabeza, no se trata de un sueño negativo sino de la confirmación de que esa persona que manda sobre él tiene el juicio adecuado para tomar decisiones correctas por drásticas que sean.

Si por el contrario, alguien desconocido o de nuestra misma posición nos corta la cabeza, es posible que alguien nos haga perder el juicio, nos enrede y nos haga perder perspectiva para valorar las cosas en su justa medida. Parecido es el sentido del sueño en el que vemos cómo se nos cae sin más la cabeza. Es una señal inequívoca de que no estamos actuando conforme a la razón y nos estamos dejando llevar por impulsos que nos llevan por caminos equivocados. Si en el mismo sueño recuperamos la cabeza y la volvemos a colocar en su sitio, es buena señal porque de alguna forma reconocemos nuestros errores y tenemos la capacidad de rectificarlos.

Dientes

Es quizá uno de los temas más recurrentes y que más angustias produce a quienes sueñan con ellos. Suelen ser sueños negativos, que dejan mala sensación en el soñante, excepto en raras ocasiones, y las interpretaciones han tendido siempre a analizar la parte negativa y premonitoria que casi siempre se ha relacionado con la muerte y la enfermedad.

Si uno sueña con dientes sanos, limpios y relucientes es una señal de prosperidad y buena marcha de los negocios y proyectos que uno tenga en marcha. Pero en el resto de casos, es cierto que casi siempre la interpretación tiende a ser más negativa.

Entre los onirocríticos la interpretación de la caída de los dientes de uno mismo está relacionada con la muerte o la enfermedad de un ser más o menos cercano. Sentir que se nos mueve un diente o muela es una enfermedad próxima de alguien que conocemos. Incluso para culturas lejanas a la occidental, la caída de los dientes indica una muerte cercana.

Antes de seguir, debemos hacer un inciso que ha recorrido este libro y no debe olvidarse. La experiencia presente del soñante debe tenerse en cuenta en este tipo de sueños como en los demás. A veces soñar con dientes puede estar relacionado con una próxima visita al dentista o con un malestar físico de nuestra dentadura que se traduce en este tipo de sueños por la noche. La fobia a ir al dentista o una dentadura en mal estado que nos ha causado dolor y muchas visitas al médico puede ocasionar sueños de este tipo que no serían más que el reflejo de una angustia que sufrimos durante la vigilia.

Algunos intérpretes han llegado a dar un sentido a cada diente o zona de la boca de la que se desprende el diente durante el sueño. Se dice que las piezas que caen de la mandíbula superior están relacionadas con parientes paternos o con hombres que sufrirán la enfermedad o la muerte, mientras que la mandíbula inferior está relacionada con la familia materna o con mujeres conocidas. Está extendida también la idea de que un colmillo representa a un padre de familia, a una persona destacada dentro de un grupo o a un cabecilla.

Las muelas tienen que ver con los abuelos y los niños pequeños, mientras que los molares inferiores de la derecha son personas relacionadas directamente con nosotros, sobre todo la madre, y los de la izquierda son el resto de parientes femeninos u otras mujeres conocidas.

Sin embargo, si uno ve caer sus dientes que están podridos o en mal estado el sentido cambia, ya que lo que sucede es que uno se desprende de cosas negativas que no le están haciendo bien y de alguna manera, está haciendo limpieza.

Que a uno le arranquen los dientes en contra de su voluntad tiene una interpretación parecida a la de la muerte o la enfermedad, pero le añade un componente violento y repentino que puede producir un dolor mayor por lo inesperado o lo cercana que tengamos a la persona afectada. Si uno se ve arrancándole los dientes a alguien se estará cobrando de manera violenta algo que la otra persona le debe, ocasionándole un daño por el reclamo de esa deuda de una forma tan brusca y exigente.

Si alguien sueña que mueve los dientes con su lengua insistentemente hasta hacerlos caer es señal de que tendrá problemas familiares y disputas desagradables y que posiblemente corte relaciones con personas de su entorno.

Soñar que se pierden los dientes es un símbolo de frustración, de castración y de fracaso. Por eso según sea el contexto en el que se enmarca el sueño, y una vez descartada una causa física, es probable que la pérdida de los dientes nos indique el fin de alguna cosa, de una relación, de un proceso. Una especie de muerte de los proyectos, no de las personas. La caída de los dientes puede significar que una etapa se ha terminado, para perfilar si es ésta la interpretación más adecuada habrá que tener en cuenta muchos factores del sueño aunque en la mayoría de los casos los intérpretes se inclinan por apuntar a la enfermedad o la muerte de alguien que conocemos.

Algunos autores insisten en la importancia de tener en cuenta, si en el sueño puede apreciarse, cuál es el diente que se pierde, pues cada tipo de diente posee una simbología derivada de su función natural. Así los incisivos son dientes figurativos, pues su función natural de cortar los alimentos está en nosotros muy disminuida desde que nos civilizamos, pero, en cambio, al sonreír y al hablar al entreabrir la boca, son los dientes que mostramos a los demás, y si bien cuando perdemos un molar, por ejemplo, muchas veces no lo sustituimos, de perder un incisivo lo hacemos de inmediato. Es por ello que los incisivos simbolizan la apariencia externa, el renombre, la celebridad y la belleza.

La función de los caninos es la de desgarrar, por lo cual su simbolismo es el de la agresividad e incluso en ocasiones de odio, pues en los animales agresivos son los caninos los que muestran cuando amenazan o se deciden a atacar. La función de los molares es la lenta y paciente masticación, lo que los convierte en símbolo de la obstinación y la perseverancia.

Nariz

En la vida adulta le prestamos poca o nula atención a la nariz y al sentido del olfato, que dejamos a un lado en beneficio de otros como el gusto o la vista. Pero la nariz tiene unas connotaciones muy especiales y está ligada de una manera muy intensa a nuestra infancia de la que todos recordamos olores y aromas que no olvidamos nunca.

Si conseguimos oler en un sueño, ese relato nocturno no está indicando que debemos prestar más atención a nuestro instinto y dejarnos guiar por lo que éste nos presenta como agradable o, por el contrario, repugnante. Es una manera que tiene nuestra cabeza de decirnos que a veces es bueno dejarse llevar por la intuición y que racionalizarlo todo no siempre nos lleva a las respuestas adecuadas.

Ver narices grandes, desmesuradas, cortadas o con heridas es señal de que debemos desconfiar de alguien que nos rodea. Al tratarse de un sentido muy relacionado con la infancia, está muy vinculado a los cuentos e historias que de pequeños nos explicaban nuestros mayores. En nuestra sociedad es una frase muy común que se dirige a los niños aquella que les advierte de que si dicen mentiras les crecerá la nariz. Además en el lenguaje gestual está consensuado que aquel que miente mientras habla se toca instintivamente y sin darse cuenta su propia nariz.

Manos

Las manos son los órganos con los que ejecutamos acciones, con los que trabajamos. Si las manos son bonitas, disfrutará de fama y honores. Si son feas y están mal formadas, el sueño denota pobreza y desengaños. Si ve sus propias manos sucias, actuará envidiosa e injustamente con respecto a otros.

Dicen los oniromânticos que si en un sueño alguien se ve con más de dos manos significa que se siente incapaz de abarcar sus responsabilidades y que por mucho que trabaje, no conseguirá salir airoso de tantos compromisos. Es un sueño que indica un mal presagio aunque como todos, puede ser simplemente una advertencia, una señal de que pongamos freno a nuestra ambición y no abarquemos más tareas de las que podemos desempeñar.

Las manos abiertas son un signo de generosidad, de que vamos a tener que estar dispuestos a ayudar a alguien que lo necesita y recurrirá a nosotros. Si las vemos en otras personas, a buen seguro tendremos gente con la que contar en caso de necesidad. Por el contrario, las manos cerradas son símbolo de avaricia.

Vernos caminar sobre las palmas de las manos indica que se nos ha encomendado una tarea que sólo sacaremos adelante con dificultades y con nuestro propio esfuerzo. No podremos contar con ayuda externa y sólo nuestra fuerza de voluntad y la constancia lograrán hacernos salir victoriosos.

Ver salir luz de nuestras propias manos es un buen augurio. La luz indica claridad de juicio y caminos abiertos. Indica una habilidad especial del soñante, una etapa fructífera de serenidad que le permitirá ver claro y actuar juiciosamente.

Soñar que alguien nos corta una mano o las dos es señal de que nos veremos limitados en nuestras capacidades. La mano es el miembro ejecutor, el símbolo del trabajo manual. Si las perdemos, estamos perdiendo la capacidad de trabajo o, al menos, se nos está viendo mermada. Si en lugar de ver cómo nos las cortan, lo que soñamos es que se nos caen o parten, es probable que tengamos la clave del problema y es muy posible que estemos frenados o pasando dificultades que nosotros mismos nos hemos buscado.

La mano distingue al hombre del resto de los animales, sirve de arma y útil y se prolonga mediante los instrumentos. Normalmente las manos no suelen diferenciarse entre sí, pero cuando el sueño lo precisa por verse una sola mano o por cualquier otra causa, la mano derecha se corresponde a lo racional, consciente, y lógico; mientras que la izquierda se corresponde con lo irracional, lo ilógico, lo inconsciente y lo pasivo.

Ojos

El acto de ver simbolizará el acto de comprender, y es por ello que los antiguos egipcios ya decían que el mundo surge del ojo, pues el ojo nos permite verlo y hacer que exista para nosotros. En el mundo de los sueños sólo existe lo que puede verse y tal como lo vemos, pues cuando soñamos algo deformado o distinto a como es en la vida real, es que existen buenas razones para ello, pues los complejos y problemas del alma dificultan y distorsionan la visión psíquica, y de aquí dichas deformaciones o el soñarnos con gafas.

Si nos soñamos ciegos o con los ojos vendados y sin poder ver es indicio de un miedo ilógico a ser engañados o perseguidos o también puede revelar nuestra impotencia ante las circunstancias de la vida real. Es una negación por parte del soñante a ver lo que tiene antes sus ojos, quizá por miedo o por tratarse de una situación dolorosa para él.

Soñar que padecemos alguna enfermedad de la vista denota una falta de coraje que nos impide mirar de frente a los hechos. Pero si soñamos que acudimos a un oculista, lo que indica es el deseo de hallar a quien podamos hacer partícipe de nuestros problemas, y al mismo tiempo que nos guíe y libere de nuestras responsabilidades, alguien en quien depositar nuestra angustia.

Si lo que se sueña es que se recupera la vista, sin duda el soñante recobrará la razón y el buen juicio y actuará en consecuencia.

El relato onírico en el que el soñante se queda ciego es un mal presagio. Algo está a punto de suceder que le hará perder perspectiva y actuar a tientas. Puede ser que esté recibiendo información envenenada, con malas intenciones que le hagan tomar decisiones sin tener en cuentas todos los puntos de vista y, por consiguiente, cometer algún tipo de injusticia o error grave.

Si vemos a alguien con ojos agotados y ojeras en nuestros sueños es probable que esa personas esté necesitando ayuda urgente. Si es alguien conocido, el soñante debería contactar e intentar saber si necesita algo o pasa por algún problema.

Si herimos a alguien en los ojos, estamos interfiriendo en su buen juicio quizá por nuestro propio beneficio. Es una señal moral, un signo de que no sentimos nuestra conciencia tranquila pues sabemos que estamos haciendo algo sólo por nuestro bien a pesar de saber que podemos perjudicar a otras personas por eso. Lo mismo ocurre si somos los agredidos y deberemos tener cuidado y estar alerta ante posibles consejos que no serán del todo buenos para nosotros si los seguimos.

La persona que sueña que tiene más de dos ojos se muestra temerosa de que le engañen o traicionen. Quiere tener más ojos de lo normal para vigilarlo todo y evitar el engaño. Es un aviso del sueño al que habrá que hacer caso pues rara vez un aviso de estas características está basado en nada.

Soñar que se pierden o caen los ojos suele estar relacionado con la pérdida de los hijos. Los descendientes son nuestros ojos en el futuro, los que mirarán por nosotros cuando no estemos. De esta manera en muchas culturas se ha atribuido la pérdida de los globos oculares a la pérdida de alguno de los vástagos.

Orejas

Por las orejas oímos, escuchamos e incluso espiamos. Nos ponemos en contacto con nuestro entorno, nos relacionamos y nos permite contestar a lo que se nos pregunta. Es un conducto por el que entra información, por eso aquellos sueños donde no tenemos orejas, o donde nos hemos quedado sordos y no podemos oír son sueños que indican que nos negamos a escuchar, a saber la verdad y afrontarla.

Si por el contrario, queremos oír o enterarnos de algo pero el ruido u otras personas nos impiden saber qué se está hablando cerca de nosotros, es probable que se nos esté ocultando alguna información en la vida real que probablemente nos haría tomar decisiones muy distintas a las que tomamos.

Verse con más de dos orejas, indica que estamos alerta, perfectamente al corriente y despiertos para ver venir los cambios y aquellas cosas que se dicen de nosotros para usarlas en nuestro beneficio. Boca y oreja se complementan, pues mientras la primera es la parte activa de la comunicación, las orejas son la parte pasiva, con las que oímos lo que los demás tienen que decirnos. Cualquier malformación o mutilación de las orejas debe interpretarse como un corte en la buena comunicación con otras personas, en un aislamiento que puede traernos dificultades.

Pechos

Nos referimos en este apartado a las glándulas femeninas, a lo que se conoce como mamas. El pecho femenino tiene, más allá del elemento erótico, una función clara y común a todas las culturas. Es el lugar por el que se alimenta el recién nacido, el primer alimento que tomamos todos al venir al mundo, la fuente de la más sana y mejor de las comidas que haremos en nuestra vida.

Los pechos simbolizan, por tanto, vida, crecimiento, florecimiento y prosperidad. Verlos henchidos y sanos es una buena señal, mientras que si los vemos estropeados o caídos cuando no lo están realmente, es probable que nos indiquen una mala racha económica y productiva. Al ser una parte del cuerpo muy asociada a la edad fértil en cuanto fuente de alimento, ver el pecho estropeado puede ser un miedo de la mujer a envejecer, a dejar de ser fértil y no poder alimentar a nuevos hijos.

Si un hombre sueña que tiene pechos es posible que indique que se avergüenza de algo que no se atreve a contar. Es un hecho, en principio, que va contra la naturaleza del hombre y produce en él vergüenza e incomprensión por parte de los que le ven, teme que le señalen y se enteren de algo que intentar ocultar con todas sus fuerzas pero que acaba saliendo al exterior, en este caso, en forma de mamas.

Pelo

Puede ser sinónimo de pobreza o riqueza en un sentido amplio. Es como una parte de nuestro cuerpo que tuviera vida propia, es algo extraño que sale fuera de nosotros que está vivo pero parece inerte. El pelo ralo o escaso indica pobreza causada por un gasto excesivo. Una cabellera abundante y espesa anuncia una vida próspera y feliz.

Al pelo, tanto en sueños como en la vida real, se le considera un signo de virilidad, pero a condición de que sólo se encuentre en algunas partes del cuerpo: pecho, brazos y piernas, y en la debida proporción. Pero el exceso de vello, tanto en cantidad como en extensión, o si aparece en las mujeres, es una manifestación de la vida instintiva y sensual. Por ello, si en sueños nos vemos más peludos de lo que somos en realidad es una advertencia para que refrenemos nuestros instintos, mientras que el vernos lampiños es un indicio de que estamos mostrando una excesiva debilidad de carácter.

Piernas

Las piernas son los pilares en los que nos apoyamos, el sustento, el punto de apoyo. Son símbolo de la familia o del clan, del lugar del que procedemos. La pérdida de una pierna es la señal de que algo fracasa, es un sentido parecido al de los brazos, pues ambos son importantísimos en nuestra vida diaria y vernos de pronto sin una de nuestras extremidades es, sin duda, un golpe fuerte y que supondrá dificultades nuevas que antes no teníamos que afrontar. De nuevo, deberemos tener en cuenta que la pierna izquierda nos hablará de cuestiones de la razón y la derecha, de las cosas más afectivas.

Pies

Soñar con los pies sucios, deformes o enfermos es señal de preocupaciones de todo tipo. Aquellos sueños en los que vemos nuestros pies de una medida que no es la habitual a la que nos corresponde es presagio de penas y tristezas. El pie es lo que nos sustenta, el que sufre nuestro peso y nuestra carga y verlos descomunales o extremadamente pequeños es símbolo de aflicción o desasosiego, como si no estuvieran preparados para la tarea que les está encomendada.

Si soñamos que alguien o algún animal nos muerde en un pie es señal de que alguien se siente celoso de nosotros, que debemos tener cuidado con determinadas personas que nos rodean y para los que resultamos antipáticos por considerarnos un enemigo. Del mismo modo, si nos vemos mordiendo a alguien en un pie, es posible que sintamos que nos hacen la competencia, que esa persona es un rival a derribar. Un sentido parecido tiene ver en sueños que alguien nos besa los pies, pues es una muestra de hipocresía, alguien que se agacha y nos agasaja con besos en los pies, en lugar de dar la cara. Alguien nos está haciendo un doble juego, hacer ver que nos quiere y apoya, pero en realidad esconde algo.

Es habitual el sueño en el que la persona aparece descalza. La falta de calzado y el temor a hacernos daño o no ir apropiadamente calzados y provocar el rechazo de los demás indica que el sujeto siente una falta de confianza en sí mismo e incluso puede ser señal de una timidez que intenta ocultar a toda costa pero que teme que salga a relucir en el momento menos oportuno. Para algunos onirocríticos ir descalzo tiene otra simbología que veremos con más detenimiento en el apartado titulado Vestuario.

Sangre

La sangre simboliza la vida y los sentimientos elevados, aun cuando en los sueños adopta su sentido más material, por lo que suele revelar el miedo a las enfermedades y accidentes, así como la preocupación por la integridad física. No obstante, y según algunos autores, en aquellos sueños en que la sangre aparece roja y viva y sin que despierte el menor sentimiento desagradable, puede ser un presagio de prosperidad material.

Ver salir sangre del cuerpo es señal de buena salud, fortuna, o el retorno sin inconveniente de un viajero. Beber en el sueño sangre humana es signo de dinero, beneficio material, salvación de un peligro, pero si el soñante se ve bebiéndose su propia sangre señala penas y aflicciones.

La sangre anuncia un mal presagio cuando la herida que vemos o la cantidad de sangre derramada es imparable. A veces es el lugar de la hemorragia el elemento que nos pone sobre aviso y nos produce una mala sensación. Es muy probable que en ese tipo de sueño, la salud del soñante estará directamente involucrada y pasará por penosos momentos de dolor e inquietud pues la sangre es la vida y en el relato onírico ve cómo la pierde a raudales.

Puede tratarse igualmente de una seria advertencia sobre un eventual accidente suyo o de uno de sus familiares. El contexto del sueño debería poder definir esta posibilidad, considerando las circunstancias propias de la vida del que sueña.

Vientre

Simboliza a su vez la casa de uno, su hacienda, sus hijos, sus entrañas, su dinero y hasta su propia vida. Se ha comparado al vientre con el laboratorio del alquimista, pero en el terreno de los sueños lo que con mayor frecuencia simbolizan los sueños de vientre es sólo el bajo vientre, símbolo de la madre y del deseo o la necesidad de ternura y protección; lo que cuando se exagera puede significar una actitud regresiva, un retorno al útero materno, una falta de madurez espiritual y afectiva.

Más relacionado con la barriga en general y no con el vientre de la mujer es el estómago, al que también relacionamos con el vientre. Cuando la barriga soñada es la propia, hay que tener en cuenta que el estómago es el punto de origen de todos los deseos instintivos que moran en nosotros y el vientre será aquí sinónimo de gula, sexo y afán de posesión.

Arrastrarse sobre el vientre es señal de indigestión y de necesidad de la ayuda de los demás y a la vez es símbolo de lazo de parentesco, signo de conocimiento de ciencias ocultas. Hay que tener presente que una mala digestión es el origen de muchas de las pesadillas que tenemos y es posible que el sueño relacionado con la barriga en cualquiera de sus partes esté relacionado con algún malestar puramente físico.

Una barriga abultada es señal de fortaleza moral, ciencia y superioridad, pero un vientre pequeño es presagio de pobreza. También un vientre visto en el sueño se puede interpretar por ocultamiento de intenciones tanto en la política como en la religión.

Objetos inanimados

Árbol

Los árboles sanos auguran la satisfacción de los deseos pero indican pérdidas si están muertos o secos.

Si soñamos que nos subimos a un árbol es una señal de que estamos huyendo de algún problema y nos subimos a él para no ser alcanzados. Si caemos del árbol, probablemente acabemos siendo víctima de ese peligro o mal del que huíamos, de la misma manera que, si lo que nos persigue nos alcanza aún estando en la copa del árbol, será señal de que por mucho que corramos poco podemos hacer para zafarnos de ese mal.

Si nos vemos a nosotros mismos plantando o cuidando árboles, sin duda estamos trabajando de lleno en algo que queremos que prospere y muy probablemente se conseguirá. Verse cortando un árbol es una manera de zanjar cuestiones a la brava, de manera tajante y sin ambages. Será interesante ver el resultado de esa tala, comprobar que el árbol no cae sobre nosotros mismos porque, en ese caso, estaremos tomando una decisión equivocada y de consecuencias desastrosas.

Según algunos onirocríticos, los árboles pueden representar personas que nos rodean. De esta manera, los árboles ubicados en bosques que nos producen temor pueden hacer referencia a personas desconocidas que ponen de manifiesto una dificultad por nuestra parte para relacionarnos con los demás. Pero un árbol puede producirnos cobijo y resguardarnos en él. En ese caso, es probable que tengamos a alguien cerca que nos ayuda, nos ampara y con quien nos sentimos realmente protegidos. Siguiendo esta línea interpretativa, ver un árbol muerto o seco en nuestro sueño puede indicar la muerte o enfermedad de un ser cercano y querido.

Ascensor

Una variante del sueño de las escaleras es aquel en el que soñante se ve ayudado por algún medio para alcanzar su meta. Es posible que encuentre un ascensor que le lleve más rápido arriba o que, de pronto, las escaleras sean menos empinadas y se sienta con más fuerza que al principio para seguir. Está claro que recibirá alguna ayuda extra para llegar a donde se propone y que el camino resultará más fácil de lo que había imaginado en un primer momento.

El ascensor está muy relacionado con las escaleras y comparten significado aunque, evidentemente, las penurias o el esfuerzo empleados se ven reducidos considerablemente y el soñante recibirá una ayuda inestimable que probablemente no encuentre el que se ve soñando solamente con escaleras.

Es fácil deducir a estas alturas que un ascensor atascado, que no sube nos indica que, lo que en un principio parecía una ayuda y una facilidad para llegar a donde nos proponíamos, se ha convertido en una trampa que nos tiene aprisionados. Será interesante ante un sueño como éste estar alerta ante posibles ofertas que parezcan demasiados sencillas o desconfiar un poco de aquellos que prometen éxitos fáciles. Caer de golpe dentro de un ascensor indica que sufriremos un serio traspié en alguno de los negocios o proyectos que ya tenemos empezados por alguna del todo inesperada.

Banderas

Las banderas son símbolos muy conocidos, que representan la autoridad y el poder. Soñar con una bandera enarbolada y en buen estado es una señal de bienestar y de que las cosas marchan por donde deben y además nos van a procurar cierta relevancia pública. Si la bandera está maltrecha o rota es probable que suframos algún tipo de vergüenza pública por alguna acción que no nos ha salido como esperábamos.

En ocasiones, la bandera simboliza en sueños a personas de alta jerarquía social con quien podemos entrar en contacto o a quienes, directamente, puede estar refiriéndose el sueño. Cuando la situación política o social de un país no marcha bien, los ciudadanos pueden sentirse inquietos o inseguros sobre su futuro y pueden soñar cosas que tengan que ver con las cuestiones públicas. Y la bandera es una señal que puede indicar claramente que nuestro sueño está relacionado con cosas que escapan a nuestro control personal pero que pueden afectar al desarrollo normal de nuestras vidas cotidianas.

Aplicar el significado de los colores a las banderas puede ser de mucha ayuda para acabar de saber qué es lo que están indicando en nuestro sueño.

Basura

Indica cosas de las que debemos deshacernos. La basura es aquello que tiramos porque consideramos inservible, así si durante el sueño vemos mucha cantidad de basura que se amontona y nadie tira, deberemos interpretar que acumulamos muchas cosas innecesarias que no hacen más que ocupar sitio y pueden llegar a ser un incordio. Quien dice cosas, dice situaciones o personas que nos están molestando para evolucionar. En muchas ocasiones puede ser una señal de que estamos dejando sin resolver situaciones que requieren que atajemos y que no miremos para otro lado como si no fuera con nosotros.

Si en el sueño llegamos a oler esa basura y el olor nos repugna o nos molesta, el sueño nos está advirtiendo que esas cosas que postergamos van a empezar a tener consecuencias y, antes de que suceda, debemos resolverlas.

Vernos rodeados o aplastados por la basura es una señal de agobio y presión psicológica. Los problemas se nos acumulan y en lugar de solucionarlos, los vamos incrementando hasta el punto de que el sueño se traduce como un aplastamiento o como si la basura fuera tanta que podemos incluso desaparecer entre ella.

Para algunos onirocríticos la basura está relacionada con la pobreza material y la marginación y ven en el sueño donde aparece este elemento una pérdida de dinero o nivel adquisitivo que preocupa al soñante, que teme verse arruinado y marginado.

Bicicleta

Son señal de austeridad y equilibrio. Aquel que consigue mantenerse derecho y sin caer en la bicicleta está mostrando habilidad para vivir con los medios de los que dispone y hacer buen uso de ellos. Si tiene problemas para mantenerse en equilibrio es probable que esté gastando más de lo que debe o viviendo por encima de sus posibilidades.

Circular con facilidad encima de una bicicleta indica que el soñante es feliz con lo que tiene y no necesita de lujos, ni mayores bienes materiales para sentirse bien consigo mismo.

Botella

Según su apariencia exterior, el color del vidrio, el contenido, su uso, el significado puede variar considerablemente. Así, aquellas botellas que son de vino, de cava o de cualquier bebida que se usa habitualmente para celebrar nos estará indicando reuniones y encuentros con familiares y amigos.

Si la botella está vacía, hablará de necesidades económicas y falta de recursos, mientras que si está llena, estaremos bien servidos de las cosas fundamentales. Una botella que se rompe en un sueño indica el fracaso de algún proyecto y de alguna manera, mala suerte, porque se derrama un líquido útil.

Si lo que vemos en la botella es agua, será importante ver qué tipo de color o calidad tiene y entonces tendremos que ver si la bebemos, nos lavamos o qué hacemos con ella para saber el significado completo del sueño.

Cadenas

Las cadenas pueden tener un doble sentido, ya que si bien son símbolo de opresión y ataduras, su ruptura o librarse de ellas significa liberación e independencia. El que consigue romper cadenas en un sueño, sean suyas o de otro, estará acabando con algún tipo de opresión y logrará salir victorioso. Si es otra persona la que nos libra de ellas es que contaremos con la ayuda de otra persona que nos ayudará a salir de la situación de dependencia que vivimos.

La cadena también puede tener un sentido muy distinto. Una cadena es el símil que empleamos a la hora de hablar de causas y consecuencias, de la sucesión de hechos que compone nuestra vida y que se unen unos a otros como si fueran una cadena. La ruptura de una cadena en el relato onírico puede interpretarse también como una ruptura del curso de los acontecimientos, como si algo inesperado y sorprendente fuera a cambiar el rumbo de nuestra vida y todos los planes que hasta ahora teníamos.

Calendario/Relojes

Si en el sueño vemos un reloj o un calendario donde podemos distinguir claramente una fecha o una hora determinadas, deberemos intentar recordarla y tenerla en cuenta, pues los oniromànticos tienen claro que nos indica un plazo, una fecha importante.

El problema que plantean las fechas o las horas concretas vistas en los sueños es que raramente se acierta sobre lo que quieren decir. Si vemos en un almanaque el mes de diciembre claro y de manera insistente pero no el año, será difícil adivinar a qué tiempo concreto se refiere o qué quiere indicarnos el sueño. Con las horas sucede algo parecido. De todas maneras, es vital tener muy en cuenta el resto de elementos que aparecen en el sueño y nuestras preocupaciones vitales de ese momento porque es la manera de intentar arrojar alguna luz sobre el momento en el que el sueño nos indica que pasará algo.

Lo mismo ocurre con los números. En ocasiones vemos en nuestros sueños un número que se repite y que parece querer indicarnos algo con insistencia. Es complicado saber a qué puede referirse y sólo el soñante puede acercarse a una interpretación más o menos acertada. Dependerá mucho de lo que en la vida real le angustie o le tenga en vilo. A veces indica plazos. Por ejemplo, si estamos pendientes de un cobro que necesitamos con urgencia, de un aviso para un trabajo, de una resolución judicial... Un número puede indicar el tiempo que falta para que ese momento que esperamos llegue, pero de nuevo tendremos el problema de saber si hablamos de días, meses o años. Ocurre con frecuencia que la buena interpretación llega a posteriori y no es raro que nos sorprendamos recordando un sueño que tuvimos y que encajaba a la perfección con lo que sucedió después y no supimos interpretar.

Un reloj despertador es una señal evidente de que estamos perdiendo el tiempo. Es una señal de nuestra cabeza que nos dice que despertemos, que espabilemos y aprovechemos un tiempo que estamos desperdiciando en nimiedades. Ante un despertador que suena, debemos replantearnos qué tipo de vida estamos llevando y si quizá no estaremos perdiendo un tiempo precioso que podríamos invertir en cosas más constructivas que las que hacemos.

Un reloj parado, que no funciona, nos habla de un estancamiento en cualquiera de las áreas de nuestra vida. Es la señal de que todo está parado, de que no avanzamos, de que estamos en un mismo punto desde hace tiempo y eso no nos hace bien. A través del sueño nuestro inconsciente nos está pidiendo que movamos ficha, que salgamos del atasco y avancemos hacia delante.

Cama

Como veremos en el apartado titulado Acción, la cama o el hecho de acostarse pueden estar hablándole al soñante de un cansancio físico o moral que requiere de reposo y tranquilidad. En relación a este significado, la cama para los onirománticos anticipa una enfermedad propia o de alguien cercano y conocido. De todas maneras, en lo que sí coinciden muchos intérpretes de sueños, es que la aparición de una cama en nuestros relatos oníricos debe ser considerada como una señal del propio organismo que nos pide descanso.

Campana

La campana está muy relacionada con todas las celebraciones o actos relacionados con la imaginería cristiana. Se tocan las campanas para un entierro, una boda, para anunciar la misa... Escuchar una campana en un sueño indica que vamos a ser convocados a algún tipo de acto más o menos formal. El resto de elementos indicará si se trata de una celebración o algún otro acontecimiento de corte más triste, como podría ser un entierro.

No tiene porqué estar relacionado solamente con celebraciones religiosas. La campana puede indicarnos que estamos a punto de recibir una llamada, una oferta, una proposición que va a requerir de toda nuestra energía y que, seguramente, nos va a obligar a tomar una decisión.

Candado

Con el candado preservamos de manera segura aquello que no queremos que nadie sepa. Escondemos dinero en cajas fuertes o cerramos una puerta con candado y lo hacemos para preservar algo de los ojos y el juicio de los demás.

El candado debe verse como una señal de que seamos más discretos con nuestros comentarios y nuestra vida. Puede ser una señal de que debemos ser más reservados y cautelosos y no fiarnos de cualquiera. Si lo que hacemos en el sueño es abrir o romper un candado el sentido es otro ya que en ese caso, estaremos rompiendo algún tabú o miedo férreo que hasta ese momento nos tenía encerrados en nosotros mismos o inmovilizados.

Como ocurre con casi todos los elementos que estamos analizando, habrá que ver qué es lo que protege el candado en nuestro sueño y cuál es la sensación que tenemos ante ese relato onírico.

Cruz

La cruz, por la cultura en la que vivimos inmersos, tiene una carga simbólica muy relacionada con el cristianismo y en nuestro imaginario colectivo está muy presente. En sueños debe interpretarse como una carga, como un peso que tenemos que soportar, algo de lo que no podremos desprendernos tranquilamente y sin consecuencias. Suele decirse que cada cual carga su cruz, con lo que se puede dar el sentido de pesar, de obligación, de cosas que nos pesan pero debemos aguantar.

Pero la forma de la cruz también otro sentido: es el cruce de caminos, la figura geométrica que apunta a los cuatro puntos cardinales. Puede interpretarse como un momento en el que debemos tomar decisiones importantes, un período de nuestra vida que determinará los años venideros. Por el hecho de apuntar a los cuatro puntos cardinales, lo que nos indica esa cruz es que todas las posibilidades están abiertas y sólo dependerá de la decisión que tomemos el que ascendamos, bajemos o nos quedemos en el mismo punto de nuestra vida en el que nos hallamos en el momento de tener un sueño donde aparece la figura de la cruz.

Cuchillo

El cuchillo comporta un elemento de violencia muy importante. Con el cuchillo se corta la carne y el que asesina a cuchillazos o navajazos, acaba con la vida de otra persona con sus propias manos y manejando mucha sangre. Los onirocríticos dicen que los cuchillos que aparecen en los sueños hablan de algún tipo de rencor o venganza que tenemos en mente y que nos gustaría acabar de una manera violenta. No quiere decir que deseemos matar a nadie, más bien indica que nos gustaría mostrar de manera muy evidente toda nuestra rabia pero no nos es posible.

Es obvio que el sueño cambiará mucho según cuál sea el uso que se le dé a ese cuchillo y quien lo emplea y contra quién para poder determinar un sentido más profundo.

Cuerda

La cuerda es símbolo de transición entre dos estados, indica un camino a seguir, una senda que debemos continuar, resume un trayecto de principio a fin, algo que nos va a llevar al punto que queremos alcanzar. Si la cuerda está nueva y en buen estado los proyectos se realizarán en las mejores condiciones, mientras que si está rota o nos produce desconfianza, es probable que no contemos con los medios adecuados para alcanzar nuestro objetivo y que fracasemos en el intento.

Si la función de la cuerda en nuestro sueño es la de atarnos, la simbología adopta un cariz económico, y nuestras finanzas pueden verse afectadas en breve por toda clase de restricciones.

La cuerda está presente en las ejecuciones por ahorcamiento o en el suicidio, pero estos dos temas los trataremos en el apartado de Acción y trama, pues requieren de una explicación que va más allá de la simbología de la cuerda como objeto.

En sueños la cuerda puede adquirir dos significados muy distintos según que la veamos colgando de arriba o en el suelo. En el primer caso la cuerda simboliza un medio de ascensión, de escalar posiciones en la vida, y por ello, soñarnos suspendidos de una cuerda presagia que no tardaremos en alcanzar una posición más elevada que la actual.

Si en lugar de soñarnos suspendidos o elevados por la cuerda somos nosotros los que queremos subir por ella, indica nuestro deseo de escalar posiciones, aunque sea a riesgo de perder de golpe todo lo alcanzado laboriosamente. Si estamos descendiendo de la cuerda o nos caemos, presagia un descenso de posición o la frustración de nuestras esperanzas.

Escaleras

Las escaleras en los sueños simbolizan las causas del ascenso y el descenso de nuestra vida social y material. Subir una escalera conocida nos indica que lograremos éxito en aquello que ya conocemos, en un trabajo que ya tenemos o un negocio que acabemos de emprender. Las escaleras desconocidas, de lugares que nos son extraños, indican que nos espera un nuevo reto del que saldremos airosos.

Hay sueños en los que nos vemos subiendo escaleras pero no llegando a ningún punto concreto. Está claro el sentido: es la imagen del esfuerzo que está por venir, de que se acerca una etapa en la que tendremos que dar lo mejor de nosotros mismos para alcanzar una meta determinada. Si conseguimos llegar a un punto concreto y entrar en algún tipo de aposento situado en lo alto de esas escaleras, el sueño nos indica que conseguiremos una buena posición después de haber trabajado para conseguirlo, en definitiva, que el esfuerzo vale la pena.

Bajar las escaleras tiene el sentido contrario y es probable que suframos un descenso en nuestro trabajo y que perdamos puntos a ojos de nuestros superiores. Es signo de una pérdida material también y por eso es posible que perdamos alguna cantidad de dinero o que nuestros ingresos se vean mermados, haciéndonos renunciar a una serie de cosas a las que ya estábamos acostumbrados.

Los impedimentos u obstáculos que nos encontremos al subir las escaleras son muy significativos. Hay soñantes que se ven subiendo escaleras con enormes dificultades y cuando creen haber llegado al final, aparece otro tramo de escaleras que deben subir. Suelen encontrar obstáculos o personas que les impiden el paso normal o quizá se sienten demasiado cansados para seguir subiendo aunque continúan. Obstáculos y personas que impiden el paso son contratiempos y dificultades que el soñante encontrará en el camino que le lleve a su meta. El sueño seguirá siendo positivo si consigue superarlos y seguir adelante a pesar del esfuerzo.

Hay otro tipo de sueño en el que el que sueña se ve cayendo desde cierta altura después de haber subido gran parte de las escaleras. Debe tener cuidado pues es posible que al llegar a donde quiere, pierda perspectiva y un mal paso lo lleve de nuevo al lugar de inicio.

Llave

Las llaves indican cambios inesperados. Si se encuentran unas llaves que se habían perdido, el sueño indica que la normalidad y la felicidad volverán a un hogar que pasaba un mal momento. La pérdida de las llaves es una señal de malos tiempos porque es como si el soñante perdiera las claves con las que rige y gobierna su vida.

Y como clave o desvelo de un secreto pueden interpretarse también. Encontrar una llave que no es nuestra, ni conocemos, es una señal de que vamos a contar con información sobre algo que no sospechábamos y que nos va a hacer entender mejor cosas que no veíamos claras.

Para algunos onirocríticos, las llaves anuncian un deseo que se cumplirá a corto plazo, de nuevo vemos aquí la interpretación de la llave como clave.

Para algunos el material del que está hecho la llave es importante. Así, las de hierro indican poder y energía, mientras que las de madera o cualquier otro material poco resistencia o fácilmente rompible nos hablan de medios insuficientes para conseguir nuestro objetivo.

Abrir una cerradura sin llave indica un éxito fácil pues no necesitamos ni la llave para conseguirlo. Si alguien nos da la llave, es ayuda de alguien cercano para conseguir lo que nos proponemos. Si por el contrario, alguien nos la roba, nos estarán haciendo la zancadilla por algún sitio y deberemos averiguar quién.

Las llaves abren y cierran, y por ese motivo pueden entenderse como la contraseña que nos da acceso a un lugar restringido hasta entonces, pero también pueden cerrar y ser llaves que nos cierran puertas o nos aprisionan.

Mapa

Soñar con un mapa denota descontento con nuestra situación actual y el deseo de cambiar de ambiente y de circunstancias. El mapa se muestra como el abanico de posibilidades que hay ante nosotros, que estamos perdiendo el tiempo en lamentaciones y en un entorno que no es el más beneficioso para nosotros.

Para algunos oniromáticos, el sueño en el que aparece un mapa es un consejo de que cambiemos de aires, de que podemos tener mejor fortuna en otro lugar distinto del que estamos en ese momento.

Para otros, no es más que el reflejo del hastío que tenemos en la vida real que nos hace anhelar querer estar en otro sitio.

Mesa

Representa la existencia de quien sueña, abarcando sus relaciones afectivas y familiares, la estabilidad del hogar, las modificaciones felices o tristes en el círculo familiar. Una mesa dispuesta para comer predice uniones felices y prosperidad. Si no hay nada en la mesa, pobreza y discusiones en el futuro.

Vernos invitados en casa ajena donde nos dan de comer y nos sientan a la mesa como a uno más es señal de protección, de que el soñante tiene gente a su alrededor que lo cuida y protege o que encontrará un núcleo que le dará calor y en el que se sentirá como en casa.

Las mesas excesivamente recargadas, donde la cantidad de comida sea exagerada o los adornos demasiado pomposos son una señal de alerta para el soñante que es posible que tenga a su alrededor a alguien que quiera embaucarlo con grandes lujos o demostraciones de poder.

Si con quien estamos sentados en una mesa es un enemigo o alguien con quien estamos enemistados, será señal de una discusión o conflicto de envergadura con esa persona. Si la persona es un desconocido, es probable que encontremos en breve alguien con quien tendremos un duro enfrentamiento, posiblemente, por cuestiones laborales.

Si a la mesa nos sentamos con la familia, la unión está asegurada y la cantidad y calidad de las viandas que se sirvan en ella, la riqueza o pobreza y duración de esa relación. Por el contrario, si nos vemos solos ante una mesa bien preparada para comer a la que no se sienta nadie más es probable que nuestra relación con la familia no sea todo lo buena que queremos y que haya por nuestra parte algún tipo de reproche hacia ellos o algún sentimiento de culpa porque sabemos que no nos hemos portado bien y tememos quedarnos solos.

Nido

El nido debe interpretarse como un lugar seguro, como el hogar. Es el lugar en el que estamos a salvo y donde nos protegen nuestros mayores. Ver un nido lleno de pájaros es una buena señal porque quiere decir que hay abundancia y armonía en el hogar. Si por el contrario, el nido está lleno de animales que no corresponden, como por ejemplo serpientes, es mala señal y querrá decir que podemos vernos rodeados de intrusos y extraños con no muy buenas intenciones.

El nido destruido o abatido es señal de grandes descalabros en el hogar del soñante. Hay en el nido un componente de dependencia, ya que el que vive en el nido vive con los padres o con personas que le suministran su sustento. Es posible que el soñante sienta anhelos de independencia o quizá sea su inconsciente quien le recomiende que vuele solo y abandone el nido.

Papeles, documentos, cartas

En los casos en los que soñamos con multitud de documentos y papeleo es muy probable que el soñante tenga pendiente algún tema burocrático por resolver. Si en el momento de tener el sueño no es así, a buen seguro que le espera algún papeleo importante que tendrá que resolver con cierta urgencia.

Si lo que recibimos es una carta, es que estamos a la espera de noticias que no llegan y que ansiamos conocer. Las cartas manuscritas se relacionan con el ámbito familiar, mientras que las mecanografiadas están directamente relacionadas con la justicia y los temas de herencias, impuestos y demás.

Vernos destrozando o rompiendo documentos es una señal de alerta que debemos tener en cuenta porque es posible que incumplamos algún plazo o dejemos de hacer algún trámite que nos pueda meter en un buen lío. Indica falta de ganas para realizar toda una serie de gestiones que no queremos hacer, que nos incomodan pero que si no hacemos, a la larga, nos reportarán más de un dolor de cabeza.

Puertas

La puerta, como el puente, es un lugar de paso. Ante una puerta el soñante tiene la disyuntiva de pasarla o quedarse donde está. Se trata de saber si la cruzaremos o no, si debemos hacerlo o quedarnos donde estamos. Por eso, los sueños en los que aparecen puertas suelen ocurrir cuando nos hallamos en situaciones críticas o en vísperas de un cambio.

Que la puerta esté cerrada o abierta es importante. Una puerta abierta es una invitación a entrar, de alguna manera el sueño nos da una primera pista, nos dice que pasemos, que ni siquiera hay que llamar o forzarla. Las puertas abiertas suelen tener al otro lado la solución a nuestra crisis, son de alguna manera, sueños que ayudan, amables, fáciles pues solamente tendremos que pasar al otro lado, casi sin esfuerzo. Pero hay que ir con cuidado pues no sabemos qué habrá realmente al otro lado y es probable que lo que encontremos no sea de nuestro agrado o quizá, simplemente, sea una trampa.

En ese caso el sentido del sueño cambia totalmente y quizá lo que nos esté diciendo el inconsciente mientras dormimos es que tengamos cuidados con aquellas opciones que parecen fáciles o aquellas puertas que se nos abren sin pedirnos nada, ni siquiera un esfuerzo, porque puede ser que escondan algo que no nos conviene.

Las puertas cerradas plantean la disyuntiva de la que hablábamos antes. El soñante ante una puerta cerrada tiene que plantearse si abrirla y enfrentarse a lo que haya detrás o dejarla cerrada y seguir como está. La decisión puede depender de varias cosas, entre ellas, que haya algún peligro del que queramos huir y esa puerta sea la única salida. Entonces es probable que la abramos y pasemos sin importarnos demasiado lo que haya detrás porque lo más importante en ese momento es huir del peligro.

Si la situación no es tan apremiante, la decisión tendrá que ver con el carácter del soñante. Una persona atrevida la abrirá de todas formas, aunque no le sea estrictamente necesario, mientras que otra más pusilánime preferirá quedarse donde está y no arriesgarse a tener una mala experiencia. De todas maneras, pocas veces las puertas que pueden abrirse no se abren, ya que es mientras dormimos que hasta las personas mas temerosas hacen cosas que nunca hubieran imaginado.

Puede suceder que queramos abrir la puerta y no se abra. La situación será más angustiosa si estamos necesitando huir pero puede serlo igualmente aunque no sea ésa la situación. Querer abrir una puerta que no cede es señal de que estamos luchando en una dirección que no nos llevará a ninguna parte. Un sueño parecido es aquel en el que se abre la puerta y detrás no hay nada o como mucho, una pared que nos impide el paso. El sueño nos indica que cambiemos de dirección pues por el camino que vamos es difícil que consigamos lo que nos proponemos.

Que alguien sueñe cerrando puertas indica que está zanjando cuestiones que necesitaban de una solución, mientras que si las abre, está dando paso a nuevas ideas, opiniones y tal vez personas que entrarán en su vida gracias a su buena predisposición. Es posible que el soñante sea quien abra la puerta a otras personas, que otros llamen a su puerta y sea él quien tenga que decidir si dejarles pasar o no. Sin duda, las puertas son inicios y finales, y si se trata de nuestra propia casa es muy posible que estemos preocupados por nuestra unidad, nuestra integridad familiar o personal y que tengamos algún temor en torno a ella.

No es raro soñar con varias puertas entre las que tenemos que escoger una y rechazar las demás. Todas las puertas son iguales, por lo que tendremos que fiarnos de nuestro instinto y tomar una decisión que no será nada fácil. Es una situación habitual en las vidas de las personas el tener que decidir y descartar otras opciones y si el grado de preocupación que nos supone la situación de la vida real es alto, un sueño de este tipo es más que probable.

Que personas extrañas entren por la fuerza en nuestra vida es signo de violabilidad, de que alguien va a forzarnos o colocarnos en una situación de difícil salida en contra de nuestra voluntad y en nuestro propio terreno. En sueños así el soñante se siente invadido, violado y debería cuidarse de verse en situaciones difíciles en la vida real que iban a solucionarse a su manera.

El tipo de puerta es importante, pues a veces los tamaños o las características que presentan nos dan nuevas pistas sobre el sentido del sueño. Las puertas bajas y estrechas nos indicarán dificultades para pasar al otro lado, para alcanzar lo que esperamos, mientras que las grandes son signo de bienvenida, de que al otro lado nos esperan con los brazos abiertos y símbolo de buena fortuna. Si la puerta de nuestra casa está en mal estado medio derruida es símbolo de ruina económica o fracaso.

Silla

La silla es símbolo de cargo, de posición alcanzada. Es sinónimo de éxito y de consecución de metas, reconocimiento a nivel social y profesional. Será importante ver el tipo de silla en el que nos sentamos o vemos a alguien sentado. Los tronos o sillones tienen un mayor peso e importancia que una silla común, aunque ésta también tiene el mismo sentido que los anteriores.

Si lo que soñamos es que se rompe la silla en la que estamos sentados es posible que perdamos el estatus que hemos adquirido anteriormente, si lo que vemos es a otro en su silla que se cae al romperse le presagiamos algo parecido, puede ser que esa persona perderá el cargo que ostenta o la situación de privilegio que pueda tener.

Teléfono

Este instrumento, cuando aparece en un sueño, viene anunciando noticias y el soñante deberá estar al tanto del contenido o la calidad de la comunicación que establece a través del teléfono, pues le indicará el tipo de contacto que va a establecer. Cuando está relacionado con temas de trabajo es una buena señal, pues vamos a tener noticias o propuestas nuevas. Si llamamos nosotros estamos buscando algo que no tenemos, mientras que si nos llaman estamos siendo reconocidos por otras personas que vienen a buscarnos por nuestras habilidades, lo que supone un aumento en la autoestima profesional.

Soñar con teléfonos que suenan y anuncian llamadas para nosotros significa contactos que se establecerán de cualquier índole, ya sea profesional, familiar o amorosa. Es muy probable que la comunicación no sea fluida y de pronto se vea hablando con alguien que no es quien usted piensa o que la comunicación se corte en el momento menos oportuno sin posibilidad de retomarla. En ese caso, es probable que el sueño no sea más que una señal de alerta sobre la falta de comunicación que tenemos con nuestro entorno o con alguna persona concreta. El soñante deberá repasar sus relaciones y ver quién es la persona con quien ha tenido algún malentendido sin resolver o analizar su entorno en general y procurar hacerse entender mejor y escuchar con más detenimiento a los demás.

El teléfono es un objeto que suele aparecer en sueños relacionados con la vida amorosa, sueños en los que el soñante habla con la persona amada o deseada y que pueden ser un buen termómetro para ver cuál es el concepto o los miedos que tenemos en torno a esa relación sentimental.

Ventanas

Las ventanas son como puertas pequeñas, puertas por las que es difícil escapar y menos esconderse porque suelen dar a la calle y no a un lugar cerrado. Las ventanas indican falta de libertad, necesidad de sentirse desatado de determinadas responsabilidades o relaciones que nos pesan. Son como pequeños agujeros que la mente crea para liberarnos de esa tensión pero que nos indican al mismo tiempo que no es el lugar ni la manera adecuada para liberarnos de lo que nos oprime, se trata sólo de un consuelo temporal pero no de la solución.

Una ventana amplia indica un mayor grado de esperanza, una posibilidad de salir de lo que nos ata y nos agobia. Al contrario, si la ventana es pequeña es porque hasta el consuelo que nos pretende proporcionar nuestro inconsciente es insuficiente para nuestras ansias de libre albedrío.

Si el soñante ve numerosas ventanas en su propia casa, deberá cuidarse de personas que rondan su casa y quieren malmeter en su vida privada. Es una manera de sentirse expuesto, de sentirse juzgado y observado por demasiadas personas de las que es complicado ocultarse y hacen casi imposible salvaguardar el espacio propio.

Abrir una ventana significa que el soñante es consciente de su situación de dependencia o de su falta de libertad y busca maneras de salir afuera y sentirse menos atado. No poder abrirla sitúa al soñante en una actitud pasiva ya que parece que es poco lo que puede hacer por sí mismo para salir de la situación en la que se encuentra.

Si vemos a alguien entrar por la ventana de nuestra casa, deberemos estar alerta pues es probable que alguien con malas intenciones intente acercarse a nosotros. El sueño simboliza una entrada inusual, alguien que se cuela por una ventana debe ser algo parecido a un ladrón, a un conspirador, pues las personas normales y con buenas intenciones llaman a la puerta y entran cuando se les da paso.

Si nos vemos a nosotros mismos saliendo por la venta, rompiendo los cristales o de manera violenta, indica que nos encontramos en una situación desesperada en la que estamos dispuestos a cualquier cosa con tal de salir de donde estamos. Es probable que sepamos que abajo sólo está el vacío o una gran altura que puede ocasionarnos daños, pero aun así decidimos hacerlo porque estamos realmente desesperados. Es necesario tener en consideración este tipo de sueños, pues a menudo indican situaciones de gran estrés emocional que necesitan de una observación y quizá de un cuidado extremo en la vigilia.

Si lo que hacemos en el sueño es observar a través de una ventana lo que ocurre en el exterior, el inconsciente nos habla de nuestra falta de arrojo y de espíritu emprendedor. Nos retrata en cierta manera como cobardes, pues preferimos ver lo que hacen otros desde la ventana, a salir y mirar de participar en la actividad que estamos contemplando. Si lo que sucede es que no podemos salir de ninguna manera a pesar de querer hacerlo, es probable que en la vida real nos estemos sintiendo atados de pies y manos para llevar a cabo aquellas cosas que realmente queremos hacer.

Los elementos de la Naturaleza

Incluiremos en este apartado los elementos de la Naturaleza, pues aunque es cierto que en muchos casos pueden ser incluso protagonistas, su presencia es altamente simbólica como parte del decorado que compone el relato onírico. El agua en cualquier de sus formas, el viento, la tierra y el fuego tienen significados muy claros y muy sugerentes que pueden aportar multitud de matices a la interpretación del sueño. Empezaremos por el agua de la que ya hemos hablado al referirnos al mar y los ríos como posibles escenarios del relato onírico.

Agua

El agua es, como ya hemos analizado con el mar y los ríos, vida. Del agua nace la vida, el mundo que hoy conocemos se genera gracias a la existencia de agua y en nuestra cultura occidental es evidente que el agua tiene un poder purificador y revitalizante.

Hemos hablado de aguas sucias y limpias, de la pureza y prosperidad que traen las primeras y las desgracias o dificultades que comportan las segundas si las vemos en un sueño. El agua maloliente o corrompida además es signo de enfermedades.

Si vemos un escape de agua limpia y corriente que no podemos controlar es probable que estemos desperdiciando nuestra energía, que algo vital y necesario se está yendo delante de nuestras narices y no somos capaces de detenerlo.

Si lo que sucede es que nos vemos bebiendo agua, estamos procediendo a nuestra regeneración, estamos limpiándonos a nosotros mismos de posibles malas energías que nos rodean y contra las que nos protegemos.

Si el soñante sueña que cae por un descuido en aguas claras y limpias tendrá una sorpresa agradable, una noticia que no esperaba y le colmará de felicidad. Mientras que si las aguas son sucias, el sentido se invierte y es posible que reciba una mala noticia.

Si alguien nos ofrece un vaso de agua, nos alivia de un mal, es una persona que nos consuela de algo que nos aflige. Si el vaso cae y se rompe, las energías se pierden de la misma manera que sucede con las aguas que vemos salir de nuestra casa y no podemos detener. Será símbolo de energías mal empleadas, mal encauzadas y nos reportará muchos dolores de cabeza.

El agua de lluvia presagia abundante cosecha, fertilidad, trabajo y bienestar. Ahora bien, cuando vemos caer agua de lluvia dentro de nuestro hogar en forma de goteras, dicen los oniromânticos que anuncia duelo en dicha casa, pues simbolizan las lágrimas que se derramarán en el hogar por la pérdida de un ser querido.

El agua puede aparecer en colores que no son el suyo natural. En este caso será interesante ver en qué formas se presenta el agua (lluvia, mar, río, grifos, fuentes) y aplicar el sentido que tiene cada color y que hemos explicado en apartados anteriores.

Tierra

La tierra es la vida y la muerte. De ella nace la vida, la comida, el sustento del que nos alimentamos y por el que vivimos. La tierra posee un simbolismo maternal y fecundo que sólo puede sernos negativa cuando se ve sacudida por los otros elementos: fuego, aire y agua.

Pero la tierra es el lugar en el que enterramos a nuestros muertos, el lugar en el que descansamos para siempre. Es obvio que esto es aplicable a la cultura occidental que entierra a sus fallecidos en el suelo y de ahí este sentido de opuestos entre vida y muerte. Para los intérpretes árabes, por ejemplo, la tierra es vida y nada más y no contemplan ese sentido dual que abarca la vida y la muerte.

Soñar con una tierra de labranza fértil y con buen aspecto es símbolo de productividad, mientras que si está yerma o excesivamente seca, los medios con los que contamos para emprender algún proyecto no son los apropiados y muy probablemente nuestros esfuerzos no den frutos.

Si vemos agujeros cavados en la tierra es un mal augurio precisamente por la relación de la tierra con la muerte y el entierro. Ver tierra abierta es signo de calamidad pues alguien tendrá que ocupar ese hueco que se ha hecho.

Cuando en un relato onírico vemos a alguien enterrando a alguien o escondiendo en la tierra alguna cosa, a buen seguro que ese alguien está ocultando algo. Es probable que sea algo que haya hecho incorrectamente y quiera esconderlo a los ojos de los demás. Si los que escondemos somos nosotros mismos, deberemos indagar en nuestros actos y nuestra conciencia pues hay algo que queremos tapar a toda costa bien porque nos produce vergüenza, bien porque sabemos que hemos obrado mal.

Hay un sueño relacionado con la tierra que suele portar malas noticias, sobre todo económicas. Vernos a nosotros mismos comiendo tierra es una mala señal, es símbolo de que comemos ya sólo lo que nos queda y podemos meternos en la boca porque no tenemos nada mejor. Habrá que vigilar negocios, el trabajo o cualquier tipo de actividad que procure nuestro sustento porque puede estar en grave peligro.

Fuego

El fuego simboliza limpieza y destrucción. Tiene un poder purificador evidente pero al mismo tiempo, en gran medida y descontrolado puede crear devastación y ruina a su paso. El fuego tiene en la mayoría de las culturas un gran poder purificador, las hogueras son un buen ejemplo, las de San Juan y todas aquellas que hacen las hechiceras para acabar con las malas energías y superar etapas negativas. El fuego acaba con todo lo malo, limpia pero hay que gestionarlo con cuidado. Los incendios son la otra cara de un poder tan potente como el del fuego. El incendio devasta, acaba con la vida, destruye todo y cuesta años que una ciudad o un bosque recuperen la vida y sean capaces de regenerarse.

Si soñamos con un fuego potente y vivo existe el peligro de disputas, pasiones y cóleras. El fuego que quema mal y produce mucho humo, lo que anuncia son traiciones, tristezas, problemas y enfermedades, tanto del cuerpo como de la mente y espíritu.

Si el soñante se ve encendiendo un fuego es que tomará las riendas de su vida para acabar con una etapa especialmente negativa y ahuyentar los malos espíritus que le rodean. La imposibilidad de hacer el fuego puede indicar las dificultades de acabar con esa etapa y la necesidad de recurrir a otras personas u otros medios para conseguirlo.

La quema del hogar es un sueño frecuente que los onirománcicos y oniro-críticos coinciden en que indica el final de una etapa en todos sus aspectos. Es probable que vivamos cambios en todos los ámbitos de nuestra vida y además de una manera traumática pero, al mismo tiempo, el poder purificador del fuego nos indica que después de todo el desastre, estaremos preparados y «limpios» para emprender una nueva vida y salir adelante. El poder limpiador del fuego es muy importante en nuestra cultura y aunque es arrasador y puede acabar con todo lo que se ponga a su paso, a nivel simbólico no es del todo una mala señal ver un incendio ya que, además de arrasar, limpia y nos deja preparados interiormente para iniciar nuevos retos.

Si alguien sueña que se quema, sufrirá contrariedades en los negocios o será señal de que hemos planteado mal algún proyecto y negocio y podremos vernos perjudicados. Es señal de que no hemos hecho una buena preparación, no nos hemos acercado de manera correcta a nuestro objetivo y puede traernos contratiempos traducidos en pérdidas de dinero.

Si alguien sueña que se quema o que es condenado a ser quemado se puede interpretar como el sueño anterior pero llevado a sus máximas consecuencias. De alguna manera estamos pagando nuestros errores con el peor castigo, la desaparición de nosotros mismos, como una forma de simbolizar hasta qué punto podemos resultar perjudicados.

Algunos soñantes se han visto alguna vez en sus sueños echando fuego por la boca. No hay duda de que esas personas sienten que hablan demasiado y que quizá estén siendo dañinas con las personas de su alrededor. Es una advertencia de que debemos controlar más nuestras palabras si no queremos destruir algo o a alguien de nuestro entorno y por consiguiente, hacernos daño a nosotros mismos.

Si lo que vemos en el sueño es que del cielo cae una lluvia de fuego, el presagio no es bueno. La lluvia de fuego cae del cielo, es un designio divino, incontrolable para los humanos, que todo lo que pueden hacer es protegerse pero no detenerla. La lluvia de fuego anuncia un exterminio, un final catastrófico y puede estar relacionado con situaciones graves a nivel social o político. Puede anticipar una masacre o una injusticia colectiva de gran calado aunque también habría que ver el resto de elementos y cómo se desarrolla el sueño. En este tipo de sueños es difícil que el fuego sea purificador ya que la lluvia descontrolada es algo que escapa al hombre y que no limpia, sino que agrede.

El relato onírico en el que nos vemos apagando un fuego indica que nos salvaremos de un mal trago que está por venir. Si conseguimos acabar con él, saldremos bien parados, si por el contrario no podemos, es posible que suframos pérdidas de algún tipo por no haber podido controlar una determinada situación.

Una de las consecuencias del fuego son las cenizas. Las cenizas indican un resurgimiento, son los restos de un final, de algo que se ha acabado pero la presencia de un resto abre la esperanza a que pueda resurgir un nuevo proyecto o que una persona enferma, quizá desahuciada pueda resurgir cuando nadie lo esperaba. Las cenizas están muy ligadas a la muerte, al final pero al mismo tiempo el hecho de que sean visibles a nuestros ojos y no se las haya llevado, por ejemplo, el viento quiere decir que el soñante aún alberga alguna esperanza de salvar eso que murió.

En cuanto al significado sexual atribuido a los sueños de fuego, debemos tener en cuenta que puede estar relacionado si nos vemos en el sueño avivándolo. El fuego también es vida, purifica y limpia en su justa medida y por tanto, abre el camino para la vida y la fertilidad. Puede estar relacionado con la sexualidad del soñante debido a la fuerte conexión que siempre ha existido entre este elemento y el sexo o la pasión. Pero podemos estar hablando también de algo a lo que queremos insuflar vida, darle aire para que se avive y salga adelante. Y eso puede estar relacionado con cualquier tipo de proyecto que necesite de nuestro esfuerzo para hacerse realidad.

Viento

El viento ha sido interpretado de diferentes maneras a lo largo de los siglos y entre distintas culturas. El viento puede ser considerado como portador de daños y perjucios materiales, como locura pero al mismo tiempo limpia y puede arrastrar lo malo gracias a su fuerza. Hay incluso quien lo interpreta como el portador de las plagas y las enfermedades.

Ver en un sueño que el viento arranca los árboles y destruye las casas arrasándolo todo es signo de desgracias, de calamidades, portadas con probabilidad por un poder superior a nosotros, quizá por un gobernante o un determinado gobierno. Es una fuerza descomunal la del viento, algo que escapa a nosotros y por eso se relaciona en muchas ocasiones con decisiones tomadas por los gobernantes que traen consecuencias que debemos sufrir los ciudadanos casi sin poder hacer nada por evitarlo.

Ese viento puede llevarnos incluso a nosotros, movernos de un lugar en contra de nuestra voluntad. En ese caso, es posible que dicha decisión nos afecte de una manera especial, pero que traiga un presagio negativo o positivo dependerá del final que experimentemos. Si la sensación durante el vuelo es agradable y no sentimos miedo y además aterrizamos sin mayores daños, es posible que la situación que vivimos, aunque involuntaria, nos acabe siendo propicia. El resultado no será el mismo si durante el sueño experimentamos temor y acabamos dañados o golpeados por la fuerza del viento. En ese caso, es más que probable que el soñante sufra las consecuencias negativas de los actos ejecutados por sus superiores y ante los que no tienen ningún tipo de control.

El viento puede traer buenas noticias si es suave y agradable, si se trata de una brisa fresca y oportuna. El simbolismo del viento es muy amplio porque además de todo lo explicado, el viento es un sinónimo del aliento, del soplo, del influjo creador de origen divino: el espíritu. Cuando en el relato onírico la presencia del viento es evidente y la recordamos al despertar, tiene un papel importante a nivel simbólico y ese viento suave anuncia acontecimientos importantes, tanto mayores como más violento sea el viento.

La luz, los astros y los fenómenos naturales

Dentro de este apartado titulado Decoración, es oportuno incluir un capítulo al tema de los fenómenos atmosféricos y a la luz en toda su dimensión. Los sueños pueden desarrollarse en escenarios concretos en los que sea de noche o de día, donde el soñante se ve a oscuras o con muchísima luz, y esos elementos, entre otros como puede ser el estado de ánimo que se tenga durante el relato onírico, van a marcar el carácter general del mensaje que nos está enviando el inconsciente.

Veamos algunos elementos que pueden aportar muchísima información a nuestros relatos oníricos. Sólo se incluyen aquellos que no se han mencionado anteriormente porque otros, como las tormentas o el viento, se han comentado a la hora de hablar de los elementos tierra, agua, fuego y aire.

Amanecer

El sentido es claro: el amanecer indica nacimiento, inicio de las cosas o de cualquier proceso. Cuando sale el sol, todo está por suceder, el día puede depararnos cualquier cosa y por eso, aquellos sueños en los que el soñante ve amanecer, deben interpretarse como un inicio, como un camino donde todo está por determinar y, por lo tanto, marca un momento en el que todavía estamos a tiempo de rectificar o cambiar de rumbo.

Atardecer

Con un sentido distinto al amanecer, aunque no contrario, el atardecer nos habla de procesos que encaran su recta final. Pueden estar referidos a la edad madura, a un momento de reposo en el que hemos alcanzado cierta serenidad para pensar con claridad. Si está referido a proyectos puede indicar que ese negocio está en su fase final. Eso no quiere decir que sea negativo, sólo indica que de esa historia no vamos a sacar ya más provecho, que se han agotado todas las posibilidades que nos presentaba.

Como vemos, no es un elemento opuesto al anterior ya que, como hemos indicado, puede estar dándonos la señal de que hemos adquirido la suficiente madurez y sosiego como para tomarnos las cosas de una manera mucho más calmada y racional.

Día/Noche

Los sueños que suceden de día sí pueden considerarse opuestos a los que ocurren de noche, al menos en la interpretación que debemos hacer de ellos. Lo que se hace a la luz del día es abierto y visto por todos, la noche es el momento que eligen los que no quieren ser vistos y, por tanto, de los que hay que desconfiar. La noche es el escenario en el que suceden las cosas terribles, porque no se ve, es difícil identificar a las personas y eso produce temor y desconfianza.

Los sueños que suceden «de día», por decirlo de alguna manera, son sueños que indican que las cosas que vemos son como son, que podemos fiarnos de lo que nuestros sentidos y nuestro instinto nos está diciendo, mientras que los sueños que ocurren «de noche» nos están alertando de que hay cosas oscuras u ocultas entre nosotros que no controlamos del todo y que pueden sernos perjudiciales.

Eclipse

El que durante su sueño ve un eclipse debe estar alerta pues a su alrededor están sucediendo cosas extrañas que se escapan a su entendimiento. Para algunos oniromántticos, sin embargo, el eclipse, por ser algo que sucede pocas veces y que, de alguna manera, va en contra de las leyes que nos rigen habitualmente, es una señal de que alguien cerca de nosotros anda haciendo magias o conjuros en relación a nosotros.

Para los que no ven ese componente adivinatorio y tan esotérico, el eclipse es la señal de que algo raro y que no acabamos de comprender está sucediendo muy cerca de nosotros.

En la aparición de un eclipse deberemos tener en cuenta si es de sol o de luna. Si es el sol el que cubre a la luna, esos sucesos que no comprendemos se verán rápidamente aclarados y veremos la luz. Si es la luna la que tapa al sol, deberemos entender que viene un período de cierta confusión donde no vamos a tener las cosas tan claras como hasta ese momento. De nuevo, la luz o falta de ella, es el elemento que marca el significado de este sueño en el que muchos ven una influencia mágica importante.

Estrellas

Las estrellas deben interpretarse como guías. Suelen verse solamente cuando es de noche, tiempo como hemos indicado de cierta confusión y desorientación, por eso la aparición de esos puntos de luz deben verse como guías que se nos ofrecen para no sentirnos tan despistados.

Algunos onirocríticos ven en las estrellas guías de mucho poder, es decir, son personas importantes que van a darnos perspectiva y van a ayudarnos a conseguir aquello que nos propongamos. Para otros, las estrellas son buenos presagios, cosas que están por venir y que van a beneficiar a quien sueñe con ellas.

En algunos sueños, la gente ve que se caen las estrellas del cielo. No es un mal presagio, es sólo que esos proyectos o esa ayuda que está esperando vendrá directamente a sus manos sin necesidad de tener que ir a buscarla. Una cosa distinta es que esas estrellas dañen la tierra o a la persona sobre la que caen. En ese caso, será más adecuado interpretar que hay ayudas que es mejor no recibir ni pedir, por el alto precio que tendremos que pagar por ellas.

Las estrellas fugaces deben interpretarse como falta de medios para conseguir un propósito. Viendo la estrella pedimos un deseo y en el sueño es como si quisiéramos que ocurriera un milagro que nos dotara de pronto de las herramientas necesarias para conseguir aquello que queremos.

Hielo

El hielo es agua y debe relacionarse con todo aquello que tiene que ver con lo sentimental. Que el agua esté helada indica cierta rigidez, parálisis de nuestros sentimientos, un bloqueo que no nos deja ser nosotros mismos y nos impide avanzar a nivel emocional y afectivo.

Soñar que se resbala o se patina sobre hielo tiene un claro componente de riesgo pero al mismo tiempo de esa rigidez que ya hemos comentado y que no nos deja evolucionar. Si el hielo se resquebraja y se abre, nuestro inconsciente nos advierte de que no hay hielo que dure eternamente y que debemos poner fin a ese bloqueo afectivo antes de que nos comporte consecuencias negativas al romperse bruscamente.

Iluminarse/Oscurecerse

Hablamos de aquellos sueños en los que, de pronto, se hace la luz. En un lugar en el que el soñante está a oscuras y de pronto ve la luz en algún punto del escenario o bien, la luz inunda el lugar en el que está. Es un sueño de claridad, de cosas que van a empezar a encajar, de situaciones que se van a resolver. De la misma manera, los sueños en los que el escenario de pronto se oscurece indican lo contrario.

La luz es guía y necesaria para saber por dónde vamos y adónde queremos ir. Es imprescindible para ver bien, para reconocer a las personas, para no tropezar, para no caerse y hacerse daño, para no tener miedo. Allí donde se haga la luz, se acaba el temor, la confusión y, por el contrario, allí donde repentinamente se hace de noche o nos quedamos sin luz, presenta un panorama desolador ante el que no sabemos bien qué hacer para no hacernos daño.

Luna

Soñar con la luna representa algo oculto y misterioso, aunque también está muy asociado a todo tipo de fertilidad.

Si la soñante es una mujer fértil con planes de tener hijos, la luna indica un momento propicio para dar ese paso. Pero puede ser que los planes sean de otro tipo, por ejemplo, poner un negocio o lanzar un proyecto. En ese caso, será importante ver en qué estadio está la luna. Si está llena, el éxito está asegurado; si está creciente, debemos tomar ya la decisión porque es un buen momento para empezar cosas; si está menguando, nos dice que mejor esperemos.

Hemos dicho que también tiene un componente misterioso importante. Sin duda, brujas y hechiceros de todos los tiempos han visto en la luna un elemento esotérico muy importante, como el de cualquier astro del firmamento. Para muchos, la luna representa el lado femenino de la Humanidad, el lado más instintivo y sensorial. Además sale de noche, lo que le confiere un carácter misterioso todavía más acentuado. Para algunos, la luna es portadora de malos presagios, aunque la mayoría cree que lo que marca su sentido positivo o negativo es cómo se muestre en el sueño.

Muchos dicen que la luna tiene cara. Vérsela de alguna manera determinada o verla de algún color que no es el suyo nos dará mucha información acerca del mensaje que nos envía el sueño.

Dicen que quien sueña que se cae la luna verá cómo su vida afectiva y psicológica sufrirá un duro revés.

Lluvia

Como agua que es, la lluvia es regeneradora y limpia. De nuevo deberemos tener muy presente si causa daño al caer, si está sucia o limpia, si nos beneficia o nos perjudica...

Si el soñante se ve caminando bajo una lluvia suave, gozará de alegría y una enorme vitalidad, además de prosperidad en todos sus negocios. Cuando la lluvia no perjudica a nadie, ni a nada, predice mucho bien. Si la lluvia es violenta, indica desgracia, errores y mucha maldad alrededor del que la ve. Algunos intérpretes aseguran que la lluvia predice bienes abundantes, alegría, fuentes que se desbordan para la fertilización de la tierra, logro de objetivos y alivio de pesares.

La lluvia sucia, embarrada, indica injusticia y malos tiempos. Algunos oniromántticos dicen que presagia enfermedades y malas cosechas que provocarán escasez de alimentos. Si uno durante el sueño consigue resguardarse de una lluvia sucia, conseguirá salir indemne de una situación perjudicial. Si por el contrario, le alcanza sin poder hacer nada, es que el origen de la lluvia escapa a nuestro control y nada podemos hacer para detenerla.

Al estar constituida por agua, la lluvia tiene un evidente simbolismo de emotividad y fertilidad, y además tiene un significado especial de purificación por el hecho de que la lluvia cae del cielo.

Niebla

Desplazarse en medio de una niebla espesa es señal de muchas, de zancadillas y problemas que habrá que sortear en una situación especialmente complicada.

La niebla es el símbolo de lo indeterminado, de una etapa de transición entre dos épocas o dos estados, en el cual lo viejo no ha acabado de marcharse y lo nuevo no está todavía claramente definido. En los sueños, la niebla puede presagiar tanto el miedo a vernos mezclados en asuntos ilegales o poco claros, como anunciar días de tristeza, indecisión y confusión.

La niebla puede estar muy relacionada con hechos del futuro. Es como si el soñante quisiera ver qué sucederá dentro de un tiempo en relación a un aspecto concreto de su vida y hay algo que no le deja ver. La niebla puede entenderse entonces como el presente que exige ser vivido y no nos permite saber demasiado de lo que pasará en el futuro.

Si la niebla se deshace durante el sueño es la salida de la confusión, es que la situación o el futuro se nos presenta con mayor claridad porque las cosas del presente ya las hemos dejado solucionadas.

Nieve

Según la cultura popular, la nieve es señal de abundancia. Si cae en el tiempo que le corresponde, es decir, en invierno, la nieve es señal de que se recogerán buenos frutos y se triunfará en aquellos proyectos que están en marcha. Verla en una estación o lugar en el que no corresponde indica inversión de los valores, de las cosas correctas y adecuadas, algo que nos traerá problemas.

Algunos dicen que ver nieve en el tiempo y lugar equivocados son pesares y problemas que se tendrán para seguir el camino trazado. Dicen los onirocríticos que sufrir el frío de la nieve en verano es señal de pobreza.

La nieve también es agua y además es blanca, en sí misma debe verse como un elemento purificador y regenerativo. No es el hielo rígido que indica bloqueos, es un agua blanca y limpia que puede traer mucho bien si cae en el momento adecuado. Si la nieve que vemos en el sueño está sucia o tiene un color distinto al blanco, deberemos añadir a su valor simbólico el que tenga la apariencia con la que se nos muestra en el relato onírico.

Sol

El astro rey, la luz y el calor que posibilitan la vida. Pero también es una gran bola de fuego que calienta y puede producir desastres si el agua y otros elementos no hacen acto de presencia.

Algunos oniromámticos relacionan la aparición del sol en un sueño con la presencia de un rey o persona de alto cargo que va a tener gran influencia en nuestra vida. Pueden ser sueños que estén relacionados con el conjunto de una sociedad, con grandes acontecimientos o cambios que estén por venir, precisamente porque se relaciona al sol con personas poderosas y de gran importancia.

Muchos soñantes recuerdan haber visto el sol en sueños de un color que no es el suyo. En este caso, toda la simbología de los colores nos va a dar muchísimas pistas acerca del sentido que el relato onírico nos quiere transmitir.

Todo rasgo negativo que se vea en el sol anuncia cosas funestas, pues es la luz y el calor por los que vivimos y la vida en el planeta es posible.

Vestuario

Aunque los elementos que vamos a analizar a continuación podrían incluirse en el apartado de Decoración, hemos querido darles una entidad propia al considerar el relato onírico como si de una obra de teatro se tratara. Sin duda, en la puesta en escena de un texto el vestuario, el maquillaje y los adornos de los protagonistas nos dan muchísima información acerca de la persona, el tiempo en el que se desarrolla su vida o los hechos narrados, su posición social, etc.

Veamos, pues, los elementos de vestuario y complementos que pueden darnos información acerca del entorno o los personajes que protagonizan nuestros sueños.

Joyas

Las joyas son un elemento de distinción social, de poder, de riqueza. Verlas puestas en alguien o que el soñante se las vea puestas va a indicar una serie de cosas según la joya sea una pulsera, un collar, un anillo, etc.

Anillos

Los anillos en la cultura occidental son símbolo de compromiso y como tal se debe interpretar en nuestros sueños. Sin embargo, no hablamos aquí de un compromiso sentimental o afectivo. Se trata más bien de un compromiso adquirido con otra persona en temas que pueden ser económicos, de negocios, espirituales pero no necesariamente indican una boda o un emparejamiento.

Perder o ver romperse un anillo es un aviso de que alguna de nuestras relaciones personales o de trabajo está en peligro. El resto de detalles que aparezcan en el sueño son vitales para entender a quién o a qué está referida la ruptura que nos marca la pérdida o ruptura del anillo.

El anillo, al ser señal de compromiso, no sólo une, sino que también puede atar y hacernos sentir atrapados. La sensación que el soñante tenga durante el relato onírico es muy importante para saber qué consecuencias tendrá esa unión o ese pacto en un futuro. Así, si la sensación es de satisfacción la unión será seguramente provechosa y, por el contrario, si es de agobio o rechazo muy probablemente en la realidad deberíamos rehusar comprometernos con algo o alguien con quien no estamos del todo convencidos.

Collar

El collar debe interpretarse como un lazo o correa que nos ponen o ponemos. Si nos vemos regalando o poniendo un collar a otra persona, nuestro subconsciente nos indica que deseamos a esa persona, que de alguna manera, la queremos hacer nuestra y que nos pertenezca o esté bajo nuestro control. No se trata solamente de un lazo sentimental o sexual, puede tratarse de alguien que nos desconcierta, nos produce temor y queremos tenerlo bajo control para que no nos produzca ese miedo.

Si por el contrario, vemos cómo alguien nos coloca un collar y conocemos a la persona en cuestión, deberemos estar alerta pues quiere ejercer sobre nosotros un control que nos restará libertad. Si nos lo regala y somos nosotros mismos los que nos ponemos dicha joya, estamos aceptando las normas que el otro impone de manera voluntaria aunque nos reporten algún perjuicio. Si la persona es del todo desconocida para el soñante, es probable que alguien a quien no conoce o que ejerce una influencia indirecta sobre él empiece a tener más poder del que tenía hasta ese momento sobre la persona que sueña.

Corona

Las coronas las llevan los reyes y las reinas, son símbolo del máximo poder pero de un poder que viene de la sangre y la herencia. La persona que sueñe con una corona a buen seguro va a heredar no sólo dinero sino también responsabilidades derivadas de sus mayores. Con la corona nos convertimos, de alguna manera, en los sucesores de nuestros padre o quizá, de nuestros jefes. Es un traspaso de poder, pero un poder hecho desde la confianza o la herencia. Es un poder que nos da alguien que nos quiere o que confía mucho en nosotros y puede ser un poder que nos traiga grandes pesos y responsabilidades pues no sólo está en juego nuestro prestigio, sino el de aquellas personas que han depositado su confianza en nosotros.

Oro

El oro simboliza riqueza, dinero. Es el metal precioso por antonomasia, el más típico en las joyas y los adornos de prestigio. El oro como metal tiene un simbolismo que indica excelencia espiritual, luz, luminosidad, brillo. Sin embargo, convertido en joya representa el lado más material y menos espiritual. Es el bien convertido en producto, en mercancía. Por eso, las joyas que aparecen en los sueños nos hablan de nuestro lado material, de un estatus que queremos alcanzar, de algo que queremos poseer, pero algo material que, como todo lo material, sólo nos dará una satisfacción momentánea. Los objetos que aparecen en nuestros sueños hechos de este material indican cierta vanidad, el deseo de alcanzar algo que nos queda lejos y que, sin embargo, se ha convertido en el centro de nuestros deseos.

Si en un sueño encontramos oro, estamos ante una oportunidad única en la que vamos a conseguir ciertos beneficios materiales que no esperábamos y que nos van a venir muy bien. Sólo así tiene un sentido positivo este material pues si lo compramos, lo robamos o nos lo regalan estamos mirándolo desde la perspectiva más materialista. Encontrarlo es simplemente un golpe de suerte que nos depara el destino y que vamos a aprovechar.

Pendientes

Deben verse como un adorno superfluo y como tal deben tomarse. Estaremos adornando nuestra vida con cosas materiales que aportan poco a nuestra existencia. Es probable que nos estemos dejando llevar por un exceso de materialismo y esos pendientes que vemos y nos ponemos son un indicio de ello. Si nos vemos comprando, el sueño indica que ocultamos nuestra insatisfacción tras la obtención de bienes materiales.

Si los pendientes son piezas que hemos estado deseando durante tiempo y al final logramos conseguirla, puede estar relacionado con algún logro que llevamos tiempo persiguiendo. Se trata sin embargo, de algo material, pues ése es el sentido que marcan los pendientes en los sueños.

También deben verse como un preparativo, un acicalamiento especial para acudir a un acto importante.

Plata

Si el oro está relacionado con el estatus social, la plata está directamente relacionada con el dinero. Aquel que sueña con joyas de plata tiene algún problema de carácter económico: falta de liquidez, pagos que afrontar, etc. La plata no es un metal del que presumir en sociedad pero tiene un valor económico también que se relaciona con el dinero. Encontrar, comprar, perder alguna joya de plata estará indicando la llegada de dinero, un préstamo o la pérdida del mismo en nuestro hogar.

Pulseras

Como cualquier otra joya, las pulseras indican posición y estatus. Vernos con numerosas pulseras de materiales preciosos es una señal de que tenemos oportunidad de ascender socialmente y nuestro estatus y estilo de vida cambiará.

Pero hay que tener en cuenta el simbolismo de la pulsera que puede ser una joya pero también puede interpretarse como una cadena, algo que nos ata, nos aprisiona, nos controla. Como en la mayoría de los elementos que estamos analizando la sensación que tenga el soñante y el resto de elementos que los acompañan nos darán una clave más ajustada para interpretar el sueño completo.

Ropa

La ropa o falta de ella tiene un poder simbólico muy alto en los relatos oníricos. No es que cada prenda tenga una simbología específica y muy detallada pero sí van a darnos alguna información relevante acerca de los personajes que aparecen en el relato onírico. Ni que decir tiene la importancia de la desnudez, sobre todo en aquellos sueños en los que se produce en lugares públicos en los que no es habitual que las personas vayan desnudas.

Veamos paso a paso la importancia de los vestidos en los personajes de nuestra particular obra de teatro.

Adornos

Entran en este apartado todo tipo de adornos que no se hayan citado, cualquier elemento que se use para engalanarse o embellecerse como pueden ser maquillajes, cremas y otros adornos que no sean las joyas.

En los sueños en los que se ven adornos, preparativos, gente que se peina, se maquilla, se viste de gala y se prepara para lucirse, debemos interpretar que algún acontecimiento importante está por llegar. Para algunos intérpretes de sueños, el ambiente festivo de este tipo de relatos no debe confundirnos, ya que hay que interpretarlo como una señal de muerte, de entierro, de gente que se reúne para despedir a otra.

Para otros el sentido no está tan claro y es probable que se trate de un gran acontecimiento en nuestras vidas o en las vidas de nuestras personas más cercanas, sin necesidad de que esté relacionado con la muerte. Como en la mayoría de los sueños, el resto de elementos que aparezcan y que el soñante pueda recordar nos van a dar la pauta del significado real y más ajustado de ese acontecimiento que está por venir.

Desnudez

Desnudos nos encontramos en un estado natural, lejos de las normas sociales y de decoro que nos marcan lo que es correcto y lo que no. Si nos vemos sin ropa, de alguna forma estamos libres de ataduras aunque al mismo tiempo estamos desprotegidos y a la vista de todos, lo que puede producirnos mucha angustia. No queremos que nos vean desnudos, sin vestido, sin protección, no queremos que vean nuestros defectos, nuestras faltas o nuestros secretos. La sensación que se tenga durante el transcurso del sueño acabará de perfilar el sentido de este sueño, ya que si el sentimiento es de alivio y de descanso es muy probable que indique cierto cansancio ante la hipocresía y las imposturas sociales que nos vemos obligados a asumir en nuestra vida diaria.

Los sueños en los que el soñante aparece desnudo suelen ser, en su mayoría, angustiosos porque se producen en lugares con gente y de pronto, se ve sin ropa, sin protección. Algunos intérpretes de sueños ven en este relato un problema de conciencia, algo que no estamos haciendo bien y que se traduce en una desnudez que nos deja al descubierto. Es como si el soñante tuviera miedo a ser descubierto y en el sueño ese temor se hace realidad.

Otros intérpretes ven en este sueño una necesidad de librarse de normas y responsabilidades e incluso de las ropas que le cubren para sentirse totalmente libre. En el sueño hace realidad un deseo que tiene durante la vigilia y que tiene que ver con el deseo de librarse de sus obligaciones con las que tiene la sensación de sentirse atrapado.

En ocasiones lo que vemos en los sueños es a otras personas desnudas. El componente sexual de este tipo de relato onírico dependerá del contenido del mismo. Pero una interpretación válida podría ser que necesitamos saber qué piensan y qué hacen otros que nos rodean y que podría sernos de utilidad saberlo.

Disfraces

Si la ropa ya es una manera que tiene el ser humano de ocultarse y protegerse de los demás, el disfraz es esa protección elevada a la máxima potencia. Es la manera que tenemos, no ya de ocultar aquello que no queremos que se sepa o se vea, sino la forma de no dejar ver nada de nuestra personalidad a los demás.

Si en un sueño nos vemos disfrazados querrá decir que estamos representando un papel que no nos toca, que ni siquiera nosotros nos creemos del todo. Es posible que estemos viviendo una vida que no nos corresponde o haciendo un papel que nos queda grande y que, antes o después, acabará por descubrirse. Es probable que este sueño sea un aviso de que estamos llevando al límite la máscara que usamos en sociedad y que nos estamos convirtiendo en algo que no somos en absoluto. El sueño nos dice que ya nos hemos dado cuenta de que nuestra actitud no es inconsciente y que requiere que tomemos cartas en el asunto.

Ver a otras personas disfrazadas indica desconfianza hacia aquellos a los que vemos vestidos con ropas que no les corresponden. Puede ser reflejo de una desconfianza real que tenemos hacia esas personas, pero visto desde la óptica de los oniománticos, puede ser un aviso de que esas personas no se muestran tal como son y que se disfrazan para conseguir algo que no nos han dicho.

Luto

El luto, como señal de duelo, anuncia noticias referentes a un final que tendrá como consecuencia una etapa de tristezas. No tiene porqué estar relacionado con la muerte de una persona ya que puede indicar el final de un período, el anuncio de algo que termina pero no necesariamente una vida humana. Si nos soñamos vestidos de luto el hecho en cuestión estará relacionado directamente con nosotros, mientras que si vemos a otras personas vistiéndolo, estará relacionado con ellos.

Si esas personas son desconocidas es muy probable que esté por pasar algún tipo de desastre ajeno a nosotros pero del que tendremos con casi total seguridad alguna noticia.

Algunos onirománcticos interpretan el luto visto en la pareja durante un sueño como el final de la relación sentimental. Otros, dan un sentido más amplio a este símbolo y lo interpretan como una etapa de soledad moral y afectiva que puede sobrevenir por diferentes motivos y no sólo el puramente sentimental.

Peinados

Como hemos indicado anteriormente el pelo contiene toda una simbología acerca de la riqueza y la pobreza. Tener una buena cabellera indica posibles, mientras que soñarse con el pelo pobre o que se cae es una mala señal para nuestra economía. Verse o ver a alguien que se peina y se recoge o cuida el pelo anuncia preparativos. De alguna forma el soñante o la persona a la que ve en sus sueños se está preparando para asumir un nuevo reto que podrá traerle nuevas perspectivas económicas. Si serán buenas o malas, lo determinará lo que suceda en el sueño con ese proceso de peinado.

Otra interpretación, mucho más directa y sencilla y que muchas veces puede explicar el contenido de este sueño es que estemos simple y llanamente preocupados por nuestra imagen exterior, que nos preocupe la imagen que damos a los demás. En personas que cuidan mucho su aspecto físico, esta explicación podría ser más que satisfactoria pues siempre debemos recurrir, como primera opción interpretativa, a la más cercana a nuestra realidad.

Sombrero

A pesar de que en nuestros días son pocas las personas que llevan sombrero habitualmente, lo cierto es que a lo largo de la Historia este complemento ha sido usado por todas las clases sociales y ha indicado la posición y el estatus de cada grupo. Los sombreros, gorros, gorras, pamelas y demás tipos de tocados han sido llevados por determinadas personas que se han dedicado a una determinada profesión (los casquetes de los sacerdotes, los gorros militares) o a una clase social o evento determinado (sombreros de copa, pamelas, tocados de novia).

Esa simbología se mantiene de alguna forma por nuestro conocimiento de la Historia a través de novelas, películas, fotografías y queda marcado en el sistema de símbolos que compartimos.

Vernos en un sueño con un sombrero ridículo que no corresponde al momento o a nuestra condición es una señal de que los demás tienen una imagen distorsionada de nosotros y nosotros lo desconocemos. Si de repente nos vemos con un gorro de militar, es probable que nuestra actitud esté siendo excesivamente autoritaria y debamos rectificarla.

Los sombreros, por educación y decoro, se deben quitar en los lugares cerrados. Ver a alguien que no lo hace indica que esa persona tiene algo que ocultar y bajo ningún concepto se sacará esa prenda que le cubre la cabeza.

Un sombrero que se ajusta bien a nuestra cabeza y nos hace sentir bellos y protegidos en un sueño es señal de que hemos encontrado nuestro lugar en el mundo y hemos llegado a un momento propicio y relajado. Nuestras ideas y nuestras oportunidades se han encontrado y han conseguido ubicarnos en un lugar adecuado para desarrollar todas nuestras capacidades.

Túnica

Esta prenda tiene un alto contenido espiritual a nivel simbólico. En nuestra sociedad se asocian las túnicas con los sacerdotes, los monjes e incluso con los jueces y personas con cargos importantes.

A nivel espiritual será interesante ver el color de la túnica y las características de la misma pues nos dará mucha información acerca del momento personal y de crecimiento espiritual en el que nos encontramos. Así, una túnica blanca nos hablará de un gran desarrollo personal mientras que si está rota o gastada puede estar advirtiéndonos de cierto cansancio psicológico que nos lleva a actuar de manera programada y alejada de nuestros deseos.

La túnica puede indicarnos también alguna relación con alguien importante que ostenta algún lugar de cierta posición en la sociedad. No tiene porqué estar relacionado con juicios necesariamente, y más bien debe entenderse como que es posible que entremos en contacto con personas influyentes que pueden ser de mucha ayuda en nuestra vida profesional.

Zapatos

Los zapatos son un símbolo de civilización, de posición social, de opresión. A pesar de que los que iban descalzos en la Antigüedad eran los esclavos y es algo que se relaciona con todos los pueblos nómadas, lo cierto es que en nuestros sueños un zapato significa aprisionamiento, opresión, limitaciones. Los zapatos hacen daño, aprietan, los tacones torturan a las mujeres que aun así los utilizan. Al mismo tiempo nos dan seguridad y evitan que nos hagamos daño, que nos mojemos o que suframos alguna lesión en los pies. Se trata pues de una seguridad que tiene un precio.

Vernos sin zapatos es vernos y sentirnos libres. Si estando descalzos nos herimos puede ser un aviso de que debemos tomar alguna precaución aunque eso nos suponga esfuerzo y compromiso. Si por el contrario, nos sentimos cómodos y liberados, el sueño indica que vivimos en un estado de independencia que nos reporta felicidad y libertad máximas.

Los zapatos cubren los pies, con los que andamos y nos desplazamos por la vida. Vernos preparando, comprando, probándonos zapatos tiene una interpretación anticipatoria que anuncia un viaje o desplazamiento próximo para el que debemos estar preparados. En este sentido, debemos recordar cómo en nuestra cultura los muertos son amortajados con zapatos, algo completamente inútil pero que tiene el sentido de preparar al fallecido para emprender su camino hacia el más allá.

La simbología de los zapatos está muy unida a la experiencia y el momento vital que tenga el soñante. Si sueña que pierde los zapatos es muy probable que alguno de los ámbitos de su vida se vea completamente alterado de la noche a la mañana. Eso, según lo que esté ocurriendo en ese momento en su vida, puede ser malo o puede ser toda una liberación. Habrá que tener muy presente cuál es la situación que se vive en el momento de tener el sueño, pues será lo que determine si esos zapatos que vemos en nosotros o en los demás son una señal de opresión o si, por el contrario, nos están anunciando una etapa de liberación y libertad absolutas.

Acción

Es seguramente la parte más importante de este peculiar texto que supone el relato onírico. Suele ser la parte más recordada incluso por aquellas personas que dicen no recordar la mayor parte de sus sueños. La acción o trama hace referencia a todo aquello que sucede, lo que pasa, los actos de los protagonistas o los personajes secundarios que salen en esta obra de teatro tan especial y de la que somos los únicos autores.

Soñar que uno se cae, se casa, tiene un hijo o que algún personaje ajeno a nuestra vida real nos pega, nos quiere matar o nos hace un regalo son acciones que aparecen en los sueños de casi todas las personas. Veamos en este apartado algunas de las acciones o «tramas» que más se repiten y el significado que, dentro de un marco de interpretación occidental, pueden tener en sus diferentes variantes.

En este apartado vamos a tratar aquellas acciones o hechos más recurrentes, teniendo en cuenta que en los apartados anteriores ya se han avanzado muchas simbologías e interpretaciones que no harán más que completar las que se presentan a continuación en orden alfabético.

Abandono

Soñar que a uno lo abandonan tiene sentidos muy distintos dependiendo de quién es la persona que en el sueño nos deja a nuestra suerte. Aquellos sueños de personas adultas en los que ven cómo sus padres no los amparan ante una situación de necesidad, están dando al soñante un mensaje claro de que ya es mayor, ya es adulto y tiene que tomar sus propias decisiones y hacerse responsable de las consecuencias que contraigan sus actos. Cuando los padres cortan definitivamente el cordón umbilical, la persona, por muy mayor que ya sea, se siente desamparada, y en el sueño, la imagen de unos padres que no quieren ayudarnos es la señal de que la edad adulta ha llegado y no serán más nuestros padres quienes nos saquen las castañas del fuego, como coloquialmente se dice.

En cambio, si el abandono se produce por parte de la pareja que tenemos en la vida real, el sueño está indicando una falta de seguridad en la relación. Mientras dormimos se hacen realidad nuestros peores temores, aquellas cosas que tememos que pasen. Si no estamos del todo seguros de las intenciones o el amor de nuestra pareja, este miedo se traduce en un sueño en el que nos abandona y nos deja, confirmando así nuestras peores sospechas. Quizá sería bueno ante un sueño como éste ahondar en la relación y preguntarnos y preguntarle a nuestra pareja sobre la seriedad o los objetivos de esa relación.

Si el abandono se produce por parte de un amigo o persona muy cercana a nuestro círculo, el relato estará más orientado a alertarnos de un posible alejamiento o una pérdida de interés y cariño en la relación con esa persona. De todas maneras, venga de quien venga el abandono, la sensación que recordemos haber sentido durante el sueño será importante. Así, no será igual si al vernos abandonados por nuestros padres, nos sentimos solos pero apoyados o si cuando vemos que nuestra pareja se olvida de nosotros, sentimos un gran alivio. Ya hemos comentado que en ocasiones los sueños sólo son meros reflejos de lo que deseamos y no osamos hacer palabra durante la vigilia.

Abortar

Si la que sueña es una mujer embarazada, el sueño debe interpretarse como un temor que tiene la futura madre y que es muy común entre las gestantes. El temor a perder el hijo hace que en sueños se haga realidad ese miedo y no tiene porqué tener ninguna carga anticipatoria aunque en ocasiones pueda suceder. En este caso, la explicación más plausible está relacionada con algo que ya hemos comentado en varias ocasiones: los avisos que durante el sueño nos envía el propio cuerpo para advertirnos de que hay algo que no marcha debidamente.

En cambio, un aborto soñado por una mujer que no está embarazada ni tiene visos de estarlo está indicando algún proyecto que fracasa, que no acaba de realizarse. Los hombres también pueden soñar que abortan, de la misma manera que algunos sueñan que están embarazados y en su caso significa exactamente lo mismo, aunque el embarazo en el soñante de género masculino debe interpretarse de una forma bien distinta a como lo haríamos con una mujer tal como veremos en el apartado Embarazo.

Es importante saber en qué circunstancias se produce ese aborto que vemos en el sueño y que también podemos ver en otra persona y no necesariamente en nosotros mismos. Una pérdida de sangre abundante deberá interpretarse como un proyecto fallido que además se llevará gran parte de nuestro dinero y nuestras energías, un negocio del que saldremos realmente mal parados. Si por el contrario el aborto se produce sin dolor, sin pérdida de sangre y sin mayores traumas, lo más probable es que en un corto plazo de tiempo nos alegremos de que ese proyecto no tirara adelante hasta el final pues no iba a ser tan provechoso y su finalización adelantada nos ha salvado de un mal mayor.

Habrá que tener presente la situación personal del soñante porque si esa persona tiene planes de tener un hijo o formar una familia, la interpretación de este sueño deberá ir encaminada por este terreno.

Abrazar

El abrazo es una muestra de cariño entre personas que se quieren pero además es una forma de mostrar al otro que estamos a su lado, de reconfortarlo. Soñar que nos abrazan es señal de que necesitamos apoyo de quienes nos rodean, pues nos sentimos un poco desamparados ante los retos y los proyectos que estamos llevando a cabo. El abrazo tiene un sentido protector, cálido. Un abrazo es una muestra de cariño descargada de contenido sexual, es más fraternal, maternal o paternal. En el abrazo encontramos el calor del ser querido que nos protege con su cuerpo.

Si el abrazo nos lo da un extraño, es probable que no estemos recibiendo todo el apoyo que necesitamos de nuestros allegados y en el sueño eso se revela a través del extraño que nos reconoce y nos ampara.

Si el abrazo lo iniciamos o damos nosotros, estaremos ayudando a alguien cercano o alguien que no conocemos pero al que vamos a ayudar a promocionarse en su trabajo o socialmente.

El abrazo también puede ser aprisionador y no sentir precisamente una sensación agradable o protectora al recibirlo, sino más bien asfixiante y castradora. En ese caso, deberemos desconfiar de aquellos que se preocupan sobremanera de nuestros asuntos y quieren protegernos tanto que en ocasiones no nos dejan ningún margen de maniobra para actuar tal y como nosotros queremos. Si la persona que nos da ese abrazo es conocida, es probable que sea ella quien nos limita de esa manera. Si es desconocida, puede referirse a alguien que esté por venir o algún jefe cuyas decisiones nos afectan de manera indirecta.

Cuando en un sueño buscamos denodadamente el abrazo de alguien y no encontramos más que frialdad, estamos buscando el reconocimiento de esa persona que no está dispuesta a darnos la satisfacción de reconocer que hemos hecho algo bien.

Accidente

Estaremos hablando de un gran obstáculo que vamos a encontrar en nuestro camino. El accidente debe interpretarse como un impedimento y algo que va a entorpecer el ritmo y la manera en la que queremos llevar un determinado asunto.

Debemos estar atentos al final de ese accidente. Si salimos indemnes o heridos, dependerá del final que ese asunto tenga en la vida real. Si en ese accidente perdemos a alguien querido lo que nos indica este relato onírico es que vamos a tener que sacrificar algo importante para conseguir lo que nos proponemos.

Todos los elementos tendrán mucha importancia en este sueño ya que si el accidente es en coche o moto, la velocidad será un elemento clave. Quizá el sueño nos esté pidiendo calma ante los acontecimientos y que no pequemos de impacientes.

Acostarse

Un sueño que puede ser un aviso del cuerpo y de la mente para que nos tomemos un descanso. Aquel sueño en el que nos vemos acostados y durmiendo es redundante e indica que no respetamos los horarios de sueño y de vigilia y nuestro cuerpo puede acabar por resentirse.

Verse estirado sin dormir, o sentir un gran cansancio durante un sueño que nos hace meternos en la cama es señal de agotamiento físico o mental, o quizá ambos.

Ahorcar

Soñar que nos condenan a la horca o que vemos ahorcar a alguien está relacionado con situaciones angustiosas y muy estresantes que vivimos en la realidad. Aquel sueño en el que el narrador se ve puesto en la horca, con la soga al cuello, seguramente está viviendo una etapa de muchas deudas económicas, de problemas serios que tendrán consecuencias importantes y en la horca ve la representación física de la sensación de ahogo y estrés que está viviendo y que traduce como una condena que consiste en privar de aire al reo para que muera.

Al verlo en otra persona, estamos viendo cómo ese ser está cometiendo errores o está metido en una situación realmente complicada de la que nosotros estamos convencidos que no saldrá fácilmente y que puede reportarle muchas preocupaciones.

Como hemos visto y seguiremos viendo en estas páginas, la forma de morir tiene importancia, sobre todo cuando es una muerte impuesta o una condena, y tiene significados muy diferentes según sea la ejecución de la misma.

Para algunos onirocríticos la persona que se ve condenada a la horca durante un sueño tiene una carga moral importante, es como si el soñante se sintiera culpable por algo, no tuviera la conciencia tranquila y de alguna forma se sintiera condenado o con temor a ser condenado por ello.

Amputar

Los sueños con amputaciones y cortes de miembros son auténticas pesadillas que dejan una huella muy profunda en el soñante. Soñar que nos cortan algún miembro indica dificultades serias, obstáculos y sinsabores que pueden ser de cualquier índole aunque algunos oniromÁnticos apuestan con total claridad por problemas de salud graves.

Es importante el miembro que se nos corta porque la interpretación simbólica nos dará pistas sobre el ámbito de nuestra vida sobre el que se cierne una mala racha. Así, si son las piernas, es probable que tengamos problemas familiares, de la base sobre la que se sustenta nuestra vida. Si son los brazos, puede ser el trabajo el que se vea perjudicado y esté en peligro. Es interesante mirar el apartado de Partes del cuerpo y en función de lo soñado, hacer una interpretación sobre el ámbito concreto al que se refiere el sueño en el que perdemos un miembro.

Si somos nosotros los que cortamos un miembro a otra persona, estaremos haciendo un daño terrible a ese alguien. Es importante que analicemos cómo es nuestra actitud con las personas que nos rodean porque probablemente estemos actuando de forma muy dañina con alguien cercano a quien estamos quitando la posibilidad de mostrarse y desarrollarse tal cual es.

Para algunos intérpretes de sueños, las amputaciones en los sueños son equivalentes a las operaciones, que analizaremos más adelante. Amputar es la antesala o la advertencia de que una enfermedad está por venir. Pero ésta sería la interpretación más osada y que adelanta acontecimientos a través de determinadas señales que el cuerpo envía a nuestro inconsciente.

Aplaudir

En un sueño en el que nos aplauden y somos el centro de atención se puede leer un éxito cercano en algo que estemos desarrollando en ese momento. De todas formas, algunos onirocríticos apuestan más por interpretarlo como el deseo que tenemos de que ese proyecto nos salga bien y que el resto del mundo lo reconozca. Puede, por tanto, ser un síntoma de una falta de reconocimiento de nuestro trabajo en el que nosotros ponemos mucha energía pero del que parece no percartarse nadie alrededor.

El aplauso también ser interpretado como un signo de desconfianza y puede que las personas que tienen que juzgar nuestro trabajo o nuestros méritos no cuenten con nuestro aprecio y por tanto tengamos miedo de que sean ellos quienes tengan que evaluar el resultado de nuestro esfuerzo. Al ser un signo muy «ruidoso» y evidente de aceptación puede hacer que nos sintamos sobrevalorados o al menos no valorados en la medida que merecemos.

El aplauso es un gesto que se hace en público para reconocer los méritos de una persona, por eso debe relacionarse con el mérito y el éxito de un trabajo bien hecho.

Asesinar

Soñar que asesinamos a otra persona significa acabar para siempre y de una manera tajante e incluso violenta con algo que nos molesta o no es constructivo. Matar es acabar con algo y en el sueño se revela en forma de otra persona porque se trata de un asunto realmente importante y que no podemos ignorar por más tiempo.

Para muchos onirocríticos, soñar que se mata a alguien significa que se va a acabar con una vieja forma de pensar o actuar en su vida real, como si de pronto los patrones que nos han servido hasta ese momento dejaran de sernos útiles y los cambiáramos para siempre. El asesinato de otra persona en el sueño es la señal de que acabamos con una norma o un comportamiento porque ya no sacamos nada de él, hay quienes incluso hablan de reproches, de una actitud que tenemos ante la vida cargada de rencor y con la que estamos dispuestos a acabar de una vez por todas. Por eso hay que ver en este sueño una oportunidad, un sentido positivo, pues nos hemos dado cuenta de algo que nos estanca y estamos dispuestos a acabar con ello.

Si somos nosotros las víctimas de alguien que intenta asesinarnos, la interpretación más acertada es la de alerta. Es posible que estemos siendo demasiado confiados y en nuestro sueño se nos alerta de cosas que percibimos en la realidad pero no procesamos. La información viene del mundo real, de detalles que vemos en las personas que nos rodean, en las cosas que pasan pero en las que no nos detenemos y no damos importancia porque las prisas y la manera de vivir actual no nos hace reparar en cosas tan nimias. Pero en el sueño se activa esa lupa gigante que todo lo magnifica y que en ocasiones nos hace ver cosas muy pequeñas pero que son importantes. Cuando alguien nos intenta matar, debemos estar alerta y ver en el conjunto del sueño a qué ámbito de nuestra vida se está refiriendo esa señal de advertencia.

Avalancha

Es un sueño frecuente aquel en el que el soñante se ve abatido o perseguido por una avalancha. Es un sueño que pone de manifiesto las angustias que tenemos durante la vigilia y un estado de ánimo en el soñante que no le permite hacerse fuerte ante la situación. La avalancha es algo que nos atrapa, que nos persigue y tiene todas las oportunidades de vencernos. Es éste un sueño que suele darse en épocas de mucho estrés en las que el soñante está sometido a mucha presión y se siente superado por las circunstancias.

El resultado final de la acción marcará de alguna manera el desarrollo de los acontecimientos de esa crisis. Si la avalancha consigue sepultarnos sin poder salir de ahí, es probable que los acontecimientos que nos angustian se compliquen aún más. Si, por el contrario, conseguimos huir o salir indemnes de esa avalancha que nos aplasta, querrá decir que a pesar de las dificultades que tendremos por fuerza que pasar, al final saldremos airosos de esa situación o, al menos, fortalecidos.

Al hablar de avalancha nos referimos aquí a las de tierra pero es interesante ver los apartados anteriores en los que una ola gigante es la que amenaza al soñante o ver el significado onírico de otros elementos que pudieran verse en dicha avalancha.

Bailar

El baile tiene un claro sentido festivo, de libertad y divertimento. Soñarse a uno mismo bailando es la expresión de una libertad conseguida con esfuerzo y que nos adentra en una etapa nueva en la que estamos mejor con nosotros mismos. El baile celebra ese cambio y además el soñante se desinhibe y se muestra tal como es, sin temor al ridículo.

Si el baile es con otra persona, la interpretación puede hacerse enfocada hacia el tema de la pareja. Los bailes lentos o agarrados son propios de los enamorados y es posible que vivamos o vayamos a vivir una etapa dulce y de compenetración. El baile requiere coordinación, comprensión y conocer al otro para que dé un resultado satisfactorio. Además los cuerpos entran en contacto, por lo que hay un deseo y una compenetración física también. La sensación que se tenga durante el sueño determinará mucho el sentido del mismo. Así, si nos vemos bailando con alguien que nos desagrada es probable que debamos cortar alguna relación que no es del todo sana porque no hay correspondencia entre lo que sentimos y siente la otra persona.

Sucede algo parecido a lo que hemos comentado sobre el abrazo. Querer bailar con alguien que nos rechaza indica una falta de atención y de cariño hacia nosotros por parte de la persona que amamos o de nuestro círculo más cercano. Si por el contrario, el baile se produce en contra de nuestra voluntad porque alguien nos obliga a bailar, es muy probable que alguien que tenemos cerca nos obligue a mostrarnos como no somos realmente o pretenda cambiar rasgos de nuestro carácter impidiendo que nos desarrollemos según nuestros deseos.

Ver gente bailando en nuestros sueños no debe interpretarse más que como una celebración, un momento en el que un grupo de personas bailan y se divierten porque tienen algo que festejar. Es posible que ande cerca un acontecimiento que nos reúna con nuestros seres queridos y se celebre algo importante aunque también puede ser que, simplemente, nuestra cabeza nos mande señales de satisfacción por un momento especialmente bueno en nuestra vida.

Bañarse

Soñar que está bañándose simboliza una limpieza del ser exterior e interior y la superación de tiempos difíciles. Es importante ver el significado que tiene el agua en los sueños y que hemos explicado anteriormente. Será importante ver si el agua está limpia o sucia, si aparece algún otro elemento que nos pueda ayudar en la interpretación, como por ejemplo el lugar en el que se produce el baño, pero en líneas generales, con el baño estamos limpiando aquellas cosas que no son útiles o que son perjudiciales y estamos encarando una nueva etapa.

Soñar con mucha gente bañándose a la vez tiene un sentido parecido pero que afecta al colectivo. Este sueño puede estar indicando cambios importantes, en principio para mejor si no hay otros detalles en el relato onírico que digan lo contrario, en el seno de una sociedad o de un país. Es posible que se avecinen cambios inesperados y que ese colectivo cambie de rumbo actuando de una manera que hasta ese momento era impensable. Por poner un ejemplo y para que quede más claro. Si el soñante ve a sus compañeros de trabajo bañándose en un río, es muy probable que haya cambios en el seno de su empresa y además, por producirse en un río, deberá ir con cuidado porque como hemos indicado antes, el río tiene un componente de peligro y de situaciones inesperadas y poco claras.

Si lo que se sueña es que se baña a otra persona, estaremos ayudándola a salir de una situación difícil, la estaremos empujando a ver las cosas más claras y tomar decisiones. Si es otra persona la que nos baña a nosotros con agua clara, alguien cercano nos está procurando una ayuda inestimable que nos va a ayudar a encarar una nueva etapa de nuestra vida. Este sueño, además, indica una actitud pasiva por nuestra parte pues nos lleva de alguna manera a la infancia, etapa en la que eran nuestros padres quienes nos lavaban y quienes asumían nuestros problemas como propios.

Si el que tiene este sueño es un padre o una madre que se ve bañando y aseando a uno de sus hijos, es posible que se vea en la tesitura de tener que ayudarlo en alguna situación complicada. Y si esos hijos ya son mayores, los oniro-mánticos no tienen duda de que ese hijo está pidiendo ayuda y necesita que le guiemos y le aconsejemos para poder ver el camino a seguir con mayor claridad

Bautizo

Soñar con el bautizo de un bebé representa, en nuestra cultura occidental y judeo-cristiana, renovación. El elemento agua marca el sentido de este sueño que indica una regeneración espiritual, un cambio de actitud y por tanto, de rumbo en la vida del que sueña. También puede tener un contenido religioso relacionado con la fe del soñante que puede verse inmerso en un proceso de reflexión o preocupado por estas cuestiones. El bautismo en este caso puede ser signo de una fe renovada que ha pasado por una etapa de cuestionamiento de la que el soñador ha salido reforzado.

De nuevo el agua marca el sentido del sueño, un elemento que debemos siempre relacionar con la parte más íntima, afectiva y espiritual del soñante. Soñar con agua nos va a dar información del soñante sobre sus estados de ánimo, sus energías y su fortaleza espiritual.

Beber

Lo primero que debemos pensar en los sueños en los que buscamos desesperadamente algo que beber es que nuestro cuerpo está necesitando agua. Una cena copiosa o fuertemente condimentada, o un estado febril provocado por una enfermedad pueden tener la culpa y en ese caso, la explicación más sencilla es la más adecuada sin duda.

Ahora bien, aquellos sueños en los que hayamos descartado esta posibilidad, debemos interpretar la sed como la falta de un elemento básico para la supervivencia como es el agua, que además tiene un sentido purificador y regenerativo, tal como hemos visto en líneas anteriores. Estaremos hablando de una sed espiritual, de cosas del alma, no de bienes materiales o necesidades económicas. Es una señal que nos envía el sueño para que nos enriquezcamos de otras maneras, que aprendamos cosas nuevas, que busquemos la manera de salir de cierto estancamiento en el que nos hemos acomodado.

El soñante que consigue calmar su sed y encuentra el agua, sin duda está en el camino de encontrar respuestas a su insatisfacción personal pues ha encontrado el lugar o la fuente donde encontrarlas. Aquel que se despierta sin haber llegado a esa fuente es probable que tenga todavía mucho trecho por recorrer antes de encontrar aquello que le va a ayudar a llevar una vida más plena.

Es importantísimo tener muy presente toda la simbología del agua que ya hemos explicado en capítulos anteriores y tener en cuenta si el agua que se encuentra es limpia o sucia, si cuesta encontrarla, si está al alcance y sobre todo si finalmente logramos acceder a ella.

Besar

Soñar que nos besan o besamos de una manera sensual a otra persona es síntoma de insatisfacción en nuestras relaciones afectivas reales. Es una forma de «completar» en sueños lo que no tenemos en la vida real y que no necesariamente tienen que ser relaciones sexuales, ya que puede tratarse de una falta de afecto y cariño general.

Pero el beso también tiene un componente simbólico muy relacionado con la traición y la desconfianza. El beso de Judas es algo muy presente en nuestra cultura, incluso para aquellas personas que no profesan la religión cristiana. Es una figura ampliamente extendida y por eso en sueños debe tenerse en cuenta este sentido sobre todo si el beso que recibimos no es del todo de nuestro agrado o nos produce rechazo. En ese caso, debemos ver de quién procede ese beso. Si es de alguien conocido, deberemos ir con cuidado con esa persona ya que nuestro inconsciente ha percibido señales que durante la vigilia a nosotros nos han pasado desapercibidas. No quiere esto decir que debamos desconfiar de manera feroz, sólo que vayamos con cierta cautela porque el sueño nos envía señales de cosas percibidas y analizadas con la lupa de aumento que usa nuestra cabeza mientras duerme.

Si la persona es desconocida, es probable que sólo sea una manera de personificar un temor, una situación que nos va a ser adversa y que focalizamos en un ser que nos da un beso que interpretamos como traicionero.

Bodas

Soñar con la propia boda tiene un claro sentido de compromiso y no necesariamente sentimental. Una boda es una unión a la que se acude de buen grado, sin presiones, y a la que la persona accede porque entiende que le comportará felicidad y estabilidad. Es posible que un nuevo trabajo o mejoras en el que ya se tiene estén cerca. De todas formas, la actitud con la que se enfrenta el soñante a esa ocasión vivida en el sueño es vital para marcar un significado más certero.

El soñador que se siente angustiado ante esa boda que está a punto de protagonizar no quiere el compromiso que se le viene encima. Es probable que no se sienta preparado o simplemente que no quiera llevar a cabo algo que no entra en sus planes y que, de alguna manera, le van a obligar a hacer.

Hay quienes sueñan que se casan y les falta algo: el anillo, una prenda, los zapatos... En ese caso el compromiso está cercano y nosotros no estamos del todo preparados. Hay una pequeña diferencia en el tema de los zapatos. Algunas personas, sobre todo mujeres, sueñan que se casan y no tienen zapatos y deben ir hasta el lugar de la celebración descalzas. Para algunos onirocríticos el sentido de este sueño hay que buscarlo en la clave onírica que nos dan los zapatos y que hemos explicado anteriormente. Si ir descalzo es una seña de libertad y liberación, sin duda el sueño nos está indicando que vamos a esa unión y a ese compromiso de una manera libre y totalmente voluntaria. Sólo si la falta de calzado nos produce una angustia insoportable y puede convertir el sueño en pesadilla, deberemos interpretarlo como una falta de preparación ante el compromiso que se nos avecina.

En el sueño de la boda es frecuente que el soñante no vea la cara de la persona con la que se une en matrimonio y en ese caso el temor se concentra, no tanto en el compromiso como en la personas, empresa o entidad con la que vamos a comprometernos. En ocasiones, no ver la cara del contrayente es una señal de que no sabemos qué clase de unión vamos a establecer ni con quién porque es un acontecimiento que ni siquiera vislumbramos y puede tardar en suceder.

Lo que hemos explicado hasta aquí está relacionado con aquellos sueños en los que nos vemos a nosotros mismos casándonos o en disposición de hacerlo. Los sueños en los que nosotros no somos protagonistas, sino invitados, tienen un sentido muy diferente y muchos intérpretes de sueños coinciden en señalar que estar invitado a una boda está más relacionado con un funeral que con una boda en la vida real. Personas que se reúnen en una iglesia para celebrar una boda, donde todo el mundo se engalana y se reencuentra, es señal de funeral o enfermedad de alguna persona conocida o un familiar. Esta interpretación como veremos más adelante se puede trasladar a los preparativos de una fiesta, aunque no a una fiesta en sí misma.

Cuando alguien sueña que su pareja en la vida real se casa con otra persona, el sueño refleja un temor o quizá una situación de crisis que se vive con la pareja y que aparece en sueños materializado en forma de boda con otra persona que no somos nosotros.

Dicen los intérpretes que si el soñante no es consciente de tener problemas de pareja, será interesante observar y hablar con el cónyuge porque algo no demasiado bueno se está gestando. En ocasiones, como ya hemos dicho y como sucede en muchos casos, estos sueños tienen mucho que ver con la inseguridad que pueda tener el soñante en su relación o los celos y temores que pueda sentir en la vida real. En próximos apartados se completa la información en ese sentido.

Burla

Soñar que se mofan de uno es una señal de que tenemos miedo al ridículo, miedo a someternos al juicio de los demás. No tiene porqué ser cierto que seamos o parezcamos ridículos, lo único que está mostrando el relato onírico es que tenemos pavor a que los demás juzguen y opinen sobre nosotros y nuestros actos.

Si somos nosotros los que nos burlamos o vemos a gente burlarse de otra persona, el sentido cambia ligeramente ya que entonces es probable que sobre esa persona esté recayendo un juicio demasiado severo que no merece.

Buscar

Los sueños en los que buscamos desesperadamente algo o alguien tienen una interpretación sencilla y evidente. En el caso de que estemos buscando a una persona que conocemos porque la hemos perdido de vista en el sueño, querrá decir que sentimos una lejanía con respecto a ella. Puede ser que la veamos más distante de lo normal o que consideremos que no está tomando buen rumbo en su vida y tememos que se pierda.

Si en el sueño logramos encontrar a esa persona y traerla hacia nosotros, conseguiremos que vuelva al lugar al que pertenece y se aleje de aquellas personas o conductas que, en nuestra opinión le perjudican. De alguna manera, la ayuda que estamos intentando darle será satisfactoria y estará bien encaminada.

Si no conseguimos encontrarla y nuestra desesperación por este hecho va a más, puede ser que estemos gastando energías en balde pues esa persona ya ha tomado un rumbo o bien las circunstancias han podido con ella y se ve arrastrada sin que nosotros podamos hacer nada por salvarla.

Soñar que se busca un objeto que hemos perdido es señal de que nos hemos quedado sin algún recurso importante con el que solíamos contar en nuestra vida y lo buscamos con desesperación durante el sueño en forma de cualquier otro objeto. Puede ser que andemos faltos de dinero o que hayamos perdido un apoyo fundamental en nuestra vida o simplemente estemos buscando una pista que nos ayude a dar un paso importante. Es como si buscáramos una señal, una clave, algo que nos dijera por dónde encauzar nuestras decisiones.

Caer

Soñar que caemos es una mala señal. Caer implica ir desde un lugar más alto a uno más bajo y la bajada siempre indica en la simbología onírica una pérdida de estatus, de posición, de bienestar. Ya hemos visto antes que la subida o bajada de escaleras está relacionada con la consecución o pérdida de metas profesionales. En este caso, donde se produce un hecho violento, accidental como es una caída, lo que nos indica el sueño es que algún imprevisto va a truncar nuestros planes, algo con lo que no contábamos y que va a desbaratar nuestros proyectos.

El sentido global de este sueño cambia según cuál sea el resultado o el fin de este singular relato que se repite muchísimo entre las personas que recuerdan sus sueños. En ocasiones, estos sueños son sueños lúcidos y sabemos perfectamente que estamos soñando y podemos decidir incluso despertarnos para no ver más. En este caso será complicado darle una interpretación más elaborada porque es como si, viendo una obra de teatro o leyendo un libro, hubiéramos salido de la sala a mitad de la función o hubiéramos decidido dejar el libro inacabado sin saber su final.

Pero si nos mantenemos en el sueño hasta el final, bien porque no somos conscientes de que estamos soñando, bien porque decidimos quedarnos a ver qué pasa, tendremos muchos elementos que darán mayor sentido a este relato onírico de la caída. Si al caer no nos sucede absolutamente nada y salimos como si tal cosa, el sueño indica que a pesar de las adversidades y los sucesos inesperados, vamos a salir victoriosos de la situación. Si al caer hay alguien o algo que nos recoge, como por ejemplo una superficie mullida que impide que nos hagamos daño, querrá decir que contamos con la ayuda de alguien o de algo que nos va a ayudar a superar mejor esa caída.

Si al caer nos hacemos daño, o caemos a un lugar oscuro del que no vemos el fondo, la señal que nos da el inconsciente es negativa y nos estará alertando de que las consecuencias de esa caída pueden ser nefastas para nosotros. Hay que tener en cuenta que los sueños anticipatorios no son historias cerradas que marcan nuestro destino sin más, sin que podamos hacer nada para cambiarlo. Hay que tener muy presente que los sueños que nos advierten nos dan pistas y señales para que estemos alerta, no nos dan noticias de lo que sucederá de una manera irrevocable.

Celebrar

Las celebraciones implican encuentros. Aquellos sueños en los que nos vemos festejando algo que no sabemos a ciencia cierta que es, son la antesala de un encuentro con amigos o parientes con las que no nos vemos a menudo y que, por algún acontecimiento, nos vamos a encontrar.

Si es una boda o un bautizo, el sentido cambia tal como hemos visto en apartados anteriores. En el sueño de la celebración será siempre algo que no sabemos bien a qué se debe pero que nos ha juntado con personas conocidas para festejar.

No hay ningún trasfondo en un sueño en el que se celebra algo a no ser que el soñante se sienta aislado, apartado o marginado del resto de los invitados. En ese caso, es posible que en la vida real se sienta de una manera parecida o tenga la sensación de que no tiene las mismas posibilidades que los demás para ser feliz. La gente que celebra, ríe y está alegre a su alrededor mientras él se siente solo y desplazado son una señal de que nos sentimos apartados, sin posibilidades o tal vez, sin el ánimo o los motivos necesarios para estar de celebración.

Comer

Aquí, como en el sueño en el que se bebe y se busca agua, deberemos tener en cuenta el aspecto físico. Irse a la cama sin cenar o tener este sueño en períodos de dieta puede producir este tipo de relato simplemente porque el soñante tiene hambre.

Ahora bien, una vez descartado este supuesto, soñar que uno come es señal de ambición, de que se está buscando algo que se ansía. Si lo que se tiene es hambre, estaremos hablando de una persona ambiciosa en el plano más estrictamente materialista, que busca un bienestar y una posición a través del dinero y las posesiones.

Algunas personas sueñan que comen cosas que son incomibles, véase tierra o cualquier otra sustancia que no es comestible. En ese caso, su ambición se verá frustrada, ya que lo que encontrará para llevarse a la boca serán cosas que no eran las esperadas.

Ver comer a otras personas es señal de prosperidad, de objetivos logrados. Las reuniones donde la gente come y bebe deben ser interpretadas como cosas de trabajo, reuniones importantes donde pueden conseguirse objetivos interesantes.

Por el contrario, ver gente que tiene hambre o nosotros mismos buscando desesperadamente un alimento que ni llega ni encontramos es señal de penuria económica, de dificultades financieras que nos van a colocar en una situación realmente complicada.

Conducir

Soñar que manejamos un vehículo sea del tipo que sea, indica al soñante que en sus manos está el control. Perder o mantener ese control sólo depende de él y si en el sueño se encuentra conduciendo cuando no tiene ni la más remota idea es posible que se esté enfrentando a retos para los que no se siente del todo preparado. Si aun sabiendo conducir, pierde el control o se encuentra extraño en el vehículo que le ha tocado manejar, el sueño deberá interpretarse como que la situación sobrepasa al soñante y no sabe qué hacer para encauzarla.

Un accidente de automóvil en un sueño es una señal de alerta para que vayamos con cuidado con las decisiones que tomamos porque pueden tener consecuencias importantes. En estos casos, las motocicletas han sido interpretadas por los partidarios de la teoría psicoanalítica como un elemento de simbología sexual. Así que sea una moto lo que conducimos puede estar dándonos pistas sobre nuestras relaciones sexuales y su grado de satisfacción o insatisfacción.

Salirse de la carretera, equivocarse de camino o no saber exactamente dónde vamos es una señal inequívoca de nuestra incertidumbre y nuestra inseguridad ante un determinado ámbito de nuestra vida que determinarán el resto de elementos que aparezcan en el sueño, como pueden ser los colores, el lugar en el que nos encontremos, las personas que nos acompañan y como siempre, la sensación que tengamos antes los sucesos que vemos.

Correr

Correr en un sueño tiene una correspondencia simbólica con la prisa o la huida. Corremos cuando queremos llegar rápido a un destino concreto o cuando algo o alguien nos acecha y queremos huir.

En el primer supuesto, correr puede ser síntoma de demasiadas prisas en nuestra vida, de falta de paciencia para conseguir aquellas cosas que nos hemos propuesto. Si en el sueño se llega al lugar que se pretende, es posible que toda esa energía que gastamos en la carrera se vea recompensada, pero si por el contrario corremos sin meta o no llegamos a ella, puede ser una señal de que nos tomemos las cosas con más calma porque todo requiere un tiempo para cuajarse y éste no es el momento de la consecución de nuestros objetivos.

En otras ocasiones, corremos porque huimos. En ese caso deberemos revisar nuestra vida y ver qué cosas son las que nos producen tanto pesar como para querer huir de ellas. En ocasiones son presiones o temporadas de mucho estrés que en nuestros sueños interpretamos como alguien o algo que nos acecha. En ese caso, será interesante ver qué cosas son las que nos inquietan y no huir de ella, sino afrontarlas y buscar soluciones para acabar con esos temores.

Hay sueños en los que, por más que queremos, no podemos arrancar a correr, las piernas no responden y no podemos escapar de aquello que nos acecha. Esto es una información que nos manda el inconsciente diciéndonos que no huyamos, que no debemos, que tenemos que afrontar la realidad, que por más energía que gastemos en ignorar la situación, ésta acabará imponiéndose tarde o temprano.

Correr también puede ser un sueño de libertad. Si alguien se sueña corriendo libre, por un espacio libre y experimenta una sensación de felicidad y liberación es muy probable que esa carrera sea una necesidad que tiene el soñante de salir de su realidad y relajarse. Puede ser un sueño que nos alerta de que necesitamos un respiro, salir un poco de las preocupaciones diarias y desconectar. Es uno de esos sueños en lo que el cerebro nos da un respiro al ver que en la realidad no se nos da o no lo buscamos.

Cortar

Este sueño tiene bastantes interpretaciones y puede suponer situaciones muy diversas en la acción. Al decir «cortar» podemos estar refiriéndonos a un corte, una herida que el soñante se produce en el transcurso de un sueño. En este caso, donde hay herida, habrá que ver su profundidad y si sangra. La pérdida de sangre ya la hemos analizado anteriormente como una pérdida de fuerza y energía. Tendremos que observar a nuestro alrededor en qué ámbito de nuestra vida estamos malgastando esa energía y a qué es debido.

Soñarnos cortando algo tiene un sentido distinto. Cortar es dividir, decidir cómo se reparte algo. Vamos a tener que administrarnos y el sueño puede ser una señal de que pongamos orden en nuestra vida que está necesitando organización. Nosotros hacemos partes para repartir, para dar a cada uno lo suyo o para administrar nuestros bienes. Sobre este sueño planea el dicho «Divide y vencerás» en el que se puede leer una estrategia, una previsión, una forma de prepararnos para afrontar algo.

Una cosa muy distinta es vernos cortar carne. Para los oniromáticos este sueño tiene un componente adivinatorio pues la carne tiene un contenido simbólico muy alto. La carne es el cuerpo, la parte débil y tangible del ser humano, la parte que expone ante los demás y que se contrapone al alma o al espíritu. Es la parte del ser humano que puede enfermar, que puede amputarse, que puede sufrir dolor físico. Por eso aquellos que ven en el sueño de cortar carne una anticipación, hablan de operación quirúrgica, de enfermedad del cuerpo de alguien cercano a nosotros, no de nosotros mismos. Y no estamos hablando de cortar carne humana, sino de cortar cualquier tipo de carne que por analogía se relaciona a nivel onírico con el cuerpo humano. La amputación de miembros humanos en los sueños se ha explicado en el apartado Partes del cuerpo y se completa en la entrada anterior titulada Amputación.

Daño

Los daños físicos que podemos sufrir durante el sueño deben interpretarse como disputas y daños morales que podemos estar recibiendo durante la vigilia. Puede pues hacerse una interpretación inversa de lo que vemos, así si soñamos que alguien nos agrede con un palo y nos hace una herida, quizá estemos recibiendo en la vida real algún tipo de agravio moral, alguien puede estar hablando mal de nosotros o hemos tenido un enfrentamiento con alguien que nos ha dejado tocados a nivel psicológico o afectivo.

Si somos nosotros los que agredimos, la interpretación puede tener dos sentidos. Uno, que estemos haciendo daño de manera consciente o inconsciente a personas de nuestro alrededor que se están viendo agraviadas por nuestro comportamiento, tal como sucede en la interpretación en la que somos víctimas.

La otra interpretación puede estar relacionada con cierta rabia contenida que no expresamos pero que sentimos. Una rabia o resentimiento que no somos capaces de expresar con normalidad porque hace referencia a algo que nos duele profundamente. Una rabia que no hemos sabido canalizar y que en el sueño sale reflejada en forma de agresión, de liberación de energía y de violencia. Una violencia que las personas equilibradas no manifiestan en la vida real porque intentan canalizar de otra manera. El soñante deberá indagar en sus rencores y ver si quedan cuentas pendientes con alguien que le producen ese malestar que le refleja su sueño.

Obviamente, si la persona sobre la que descargamos nuestra rabia es alguien conocido, es muy probable que sea con esa persona con quien tenemos una cuenta que saldar.

Si es un desconocido, la interpretación más sensata es la que deja toda la responsabilidad en nosotros. Es decir, en este caso la rabia podemos sentirla contra nosotros mismos por haber actuado de una manera que no se corresponde con nuestra forma habitual de proceder o por haber dejado pasar una oportunidad que no nos perdonamos haber perdido. Y en ese caso, descargamos esa violencia contenida sobre cualquier otra persona que nos rodea y que nada tiene que ver con nuestra rabia. Debemos observar entonces cuál es nuestro comportamiento con las personas y procurar no culpar a nadie de nuestros propios errores haciéndoles frente.

Ni que decir tiene que aquellos sueños en los nos hacemos daño a nosotros mismos, autolesionándonos, son esa rabia de la que hablábamos llevada a la máxima expresión. Hay algo que hemos hecho que va en contra de todos nuestros principios, y el remordimiento es tan atroz que nos soñamos haciéndonos daños violando el principio de supervivencia que compartimos los seres humanos. Será importante indagar en nuestro interior o empezar a hacer algo para asumir algo que ya está hecho y que no debe impedir que sigamos hacia delante.

Despedida

La despedida de los seres queridos en los sueños es una forma de independencia de esas personas y de nosotros mismos. Es posible que alguien que nos haya ayudado o a quien hayamos ayudado muchísimo en una determinada etapa ya esté preparado para salir solo adelante y no necesite tanto de nuestros atentos cuidados. Y lo mismo sucede cuando nosotros hemos sido los ayudados.

La despedida no significa una ruptura, es más bien el inicio de otra etapa en la que cada uno va a hacer su vida por caminos distintos. Indica que, por algún motivo, la relación no va a ser tan continua ni tan pendiente como hasta ese momento.

Despedirse de un desconocido en un sueño es señal de etapa finalizada, de que tiempos nuevos vienen para nosotros y que debemos dejar bien cerrados los anteriores para poder desarrollar nuestra vida de forma constructiva y positiva.

Las despedidas que nos producen una profunda tristeza en un sueño nos hablan de una etapa que no queremos dejar atrás porque nos ha reportado muchísimas cosas interesantes y productivas. Sin embargo, lo que nos está diciendo el inconsciente es que debemos seguir adelante y no mirar hacia atrás, desprendernos de aquellas cosas que por muy hermosas que fueran en su momento ya no nos sirven para seguir creciendo.

Soñar que uno se despide de una persona que en la vida real está muy enferma o es muy anciana puede significar el miedo que tenemos a que esa persona muera. No quiere decir que vaya a morir porque tengamos ese sueño ya que su muerte no necesita de ningún vaticinio pues por edad o por enfermedad es indudable que está cerca de ese tránsito. Lo que marca el sueño es nuestro miedo a perderlo, y la sensación que tengamos en ese relato onírico será primordial. Hay quienes sienten una enorme paz y entonces querrá decir que ambos, el soñante y la persona soñada, están preparados para esa despedida. Si lo que nos produce es rabia e impotencia tener que decirle adiós, quizá el sueño es el reflejo de un miedo atroz a la muerte de esa persona porque no podemos asimilar que vaya a desaparecer.

Deudas

Las deudas en los sueños pueden ser un simple reflejo de deudas y problemas económicos que tenemos en la vida real y que se reflejan durante la noche porque nos preocupan seriamente.

Pero las deudas también pueden ser interpretadas como culpas, como cosas que hemos hecho mal y que sabemos y a las que no nos enfrentamos. La cabeza nos dice que les plantemos cara y busquemos soluciones en lugar de dejar que se nos acumulen.

Los personajes que aparezcan en el sueño y lo que suceda en éste nos acabarán de perfilar el significado completo y a qué está referido ese sueño en el que vemos que tenemos deudas que no podemos afrontar.

Echar

Cuando soñamos que echamos a alguien de nuestra casa o de cualquier otro lugar, lo estamos sacando de nuestra vida. De manera inconsciente tal vez, nos damos cuenta de que nos perjudica y de que su presencia nos molesta más de lo que nos beneficia pero no somos capaces de hacerlo en la vida real y lo hacemos en sueños. Es alguien que incordia pero que las normas del decoro, la vergüenza o tal vez la educación nos impide decirle que nos deje tranquilos o poner unos límites a esa relación que nos atosiga o nos molesta.

Si en el sueño somos nosotros los «expulsados» el sentido está claro: nos sentimos fuera o tememos que nos saquen de un círculo social del que formamos parte pero en el que no acabamos de encajar por el motivo que sea. Estar con esa gente, en ese entorno, a nosotros nos beneficia o nos gusta pero no acabamos de ser parte de ellos y tememos ser echados. Si el «expulsado» se siente mal, marginado y frustrado es que ese círculo es realmente importante para él y puede comportarle perjuicios dejar de ser parte de él. Si por el contrario, uno no se siente tan triste o preocupado por el hecho quizá el inconsciente esté dando una señal de que es el momento de salir de ahí de forma voluntaria antes de que nos echen y que además esa salida será más beneficiosa que quedarse dentro de ese entorno.

Ejecutar

Entendemos por ejecución aquella condena a muerte en la que al reo le cortan la cabeza. Este sueño tiene una connotación muy especial, ya que la cabeza es nuestro «centro de operaciones», con la que pensamos, con la que razonamos y tomamos decisiones. Si nos condenan a que nos corten la cabeza de alguna forma el sueño nos indica que hemos cometido algún error de juicio que tendrá consecuencias graves y en el relato onírico se traduce como que nos privan del órgano que ha cometido ese error.

En el apartado de Partes del cuerpo, le hemos dedicado un apartado a la cabeza, donde se pueden ver más detalles al respecto de este tema que contemplan lo que hemos apuntado aquí.

Embarazo

Una mujer que sueña que está embarazada y no tiene planes de estarlo está simbolizando con su sueño un proyecto que está por venir. Abortos y nacimientos están explicados en otros apartados y completan el significado de este sueño.

El sueño en el que un hombre es el embarazado no augura buenas cosas. Es un hecho antinatural que un hombre puede gestar una vida dentro de sí y, en ese caso, el sueño está indicando situaciones descontroladas y fuera de las normas de actuación que rigen la vida de esa persona. Es como si su comportamiento estuviera fuera de toda la lógica y las consecuencias pueden ser tan extrañas como nefastas para el soñante.

Emborracharse

Soñar que uno está ebrio quiere decir que tiene necesidad de evadirse de la realidad. Es como si el sueño mismo no fuera suficiente y en él nos vemos enajenados por el alcohol o cualquier otra sustancia. El borracho no ve las cosas tal como son y cuando esa borrachera es voluntaria, buscada, es probable que esté buscando un escape, una manera de obviar una realidad demasiado pesada.

Al emborracharse, una persona no puede tomar decisiones basadas en la razón y la conciencia, sólo es una manera de huir. El borracho no puede discernir y cuando además esa borrachera es voluntaria y buscada es porque en lugar de solucionar sus cosas ha preferido evadirse.

Soñar con gente borracha es una señal de alerta. No debemos fiarnos de alguien que se nos acerca en ese estado pues su juicio no es claro y sólo puede traernos complicaciones. Si vemos a alguien conocido, deberemos estar pendientes de sus reacciones y sus actitudes pues el sueño nos indica que no está en condiciones de razonar.

Empobrecerse

Perderlo todo o no tener nada en un sueño es un síntoma de temor ante nuestras posesiones. Tememos perder algo que queremos o necesitamos, quizá un estatus o un nivel de vida al que estamos acostumbrados. Soñarnos sin nada, habiendo perdido lo mucho o lo poco que tenemos refleja una preocupación por los bienes materiales que poseemos y es una alerta para que los cuidemos o seamos más cautos con el dinero y el uso que hacemos de él.

Ver a otra persona empobrecida puede ser un reflejo de algún temor que albergamos por ella. Quizá nos preocupa su ritmo de vida, su falta de constancia o que creemos que toma decisiones equivocadas que pueden perjudicarle. Como vemos, las interpretaciones de lo que sucede en los sueños pueden hacerse sobre nosotros mismos o sobre personas que nos rodean y nos preocupan y el significado no variará demasiado.

Empujar

Cuando empujamos, alejamos algo o a alguien de nuestro lado. El sueño indica que necesitamos distancia, ver las cosas desde cierta perspectiva y que los problemas que tenemos nos acechan tanto que no tenemos manera de entenderlos ni afrontarlos.

Empujando a esa persona o a esa cosa, estamos tomando una distancia necesaria e inteligente que nos permitirá ver con más claridad, con lo que ese empujón debe verse como un primer paso para solucionar las cosas.

Ahora bien, si el empujón es especialmente violento es probable que lo que pretendamos sea sacarnos de encima y de un plumazo a esa persona o cosa que nos molesta. No queremos verla más, no queremos que sea la prueba de algo que nos molesta y la empujamos para que no se acerque y no nos perjudique. Si conseguimos hacerla desaparecer con ese empujón, es probable que el problema esté resuelto y que lo único que estaba haciendo falta era que nos posicionáramos y dejáramos clara nuestra postura quitando de en medio aquello que no era cosa nuestra.

Encabezar

Encabezar una comitiva, una fila, una reunión es señal de liderazgo. Si además hay gente que nos sigue y necesita de nuestra guía, estaremos ante un soñante con gran capacidad de liderazgo y de mando a quien la gente respeta y obedece teniendo en cuenta sus opiniones y respetando sus decisiones. Indica también que esa persona tiene entre manos una misión o un encargo importante para el que va a contar con la ayuda de quienes le rodean y forman su equipo en la vida.

Si por el contrario, el que encabeza algo, de pronto, se ve solo sin nadie que le siga o le escuche, es muy probable que esté cometiendo algún error con la gente que le rodea y que ha dejado de confiar en él por algún motivo.

Un sueño en el que uno se ve encabezando una comitiva o un grupo de gente formado por su familia tendrá una situación familiar de la que tendrá que hacerse cargo. La sensación del soñante será primordial para interpretar el sueño y lo que en el relato suceda será también vital pues marcará la facilidad o dificultades con las que se va a encontrar en ese camino que emprende con su gente.

Encarcelamiento

Soñar que a uno lo meten en la cárcel debe interpretarse en primera instancia como una falta de libertad de movimientos, quizá fruto de un momento de nuestra vida en el que pasamos apuros económicos o las decisiones importantes de nuestra vida las está tomando otra persona y no nosotros.

Esa falta de libertad puede provocar impotencia o tristeza y, en ese caso, debemos resolver a qué aspecto de nuestra vida se refiere o si tiene una correspondencia con la realidad y mirar de poner freno o solución a una situación que nos angustia porque nos hace perder independencia.

El encarcelamiento puede ser voluntario, y estando encerrados puede ser que tengamos manera de salir pero no lo hagamos. Es probable que tengamos miedo a afrontar las responsabilidades que tendríamos si nos hiciéramos dueños de nuestra vida y aunque tenemos la puerta abierta para salir, no lo hacemos para no tener que enfrentarnos de lleno a nuestra vida llena de responsabilidades. De alguna manera, y como se dice comúnmente, estamos escondiendo la cabeza debajo del ala.

Ver cómo nos encierran por haber cometido un delito marca un problema de conciencia con nosotros mismos. A buen seguro hay algo que nos tortura porque sabemos que lo hemos hecho mal con conocimiento de causa y tememos un castigo que en el sueño se traduce con una «condena» a ir a la cárcel.

Estar encerrado no siempre tiene un sentido negativo de castigo o de cerrazón. Verse enclaustrado puede ser también un aviso de nuestro inconsciente para que miremos más dentro de nosotros mismos, nos tomemos un tiempo y reflexionemos sobre el rumbo que queremos darle a nuestra vida. El encierro puede ser voluntario, como lo es el de los monjes y puede ser constructivo porque a solas con nosotros mismos, no tenemos más remedio que enfrentarnos a nuestros pensamientos, nuestros miedos y decirnos la verdad, primer paso para poder tomar decisiones sensatas y que nos lleven a buen puerto.

Las personas que sufren de claustrofobia y sueñan que se encuentran encerradas no hacen más que trasladar su fobia al mundo onírico en el que nuestros mayores temores se magnifican.

Enfadarse

Soñar que nos enfadamos con alguien es un sueño adaptativo, es decir, lo hacemos en el sueño porque no podemos o no queremos hacerlo en la realidad. A lo mejor tenemos algo que reprochar a esa persona o a otra que no aparece en el sueño pero no nos sentimos con valor para enfrentarnos a ella y lo hacemos en el sueño.

El enfado suele indicar algo sin resolver, algo que no hemos sabido solucionar y cerrar durante la vigilia y vuelve de noche a darnos la oportunidad de hacer y pistas sobre lo que debemos hacer en la realidad.

Enfermar

Cuando el soñante se ve enfermo en un sueño o contrayendo una enfermedad debe interpretarlo como un aviso del inconsciente que informa de que, posiblemente, estemos agotando nuestras energías y al final eso nos pase factura.

Las enfermedades o los síntomas nos alertan de situaciones complicadas que podemos vivir si no ponemos freno a determinadas actitudes. Suele estar muy relacionado con el agotamiento, por tanto, este sueño es un aviso en muchos casos que nos hace el propio cuerpo pidiéndonos que paremos, que nos detengamos, que reposemos y miremos por nosotros y nuestra salud.

No es que vaticine enfermedades reales, es que avisa de que estamos necesitando un descanso, que no podemos seguir al ritmo que vamos y que al final algo va a salir mal como consecuencia de ese agotamiento que estamos acumulando.

Cuando la enfermedad la soñamos en otro, significa lo mismo. El sueño nos informa de que esa persona está al límite de sus posibilidades y necesita ayuda, alguien que le dé un consejo o le guíe un poco. Este sueño está basado en elementos que hemos recopilado mientras estábamos despiertos y que, ya dormidos, nuestra cabeza procesa mejor y le da un sentido más profundo.

Dicen los oniromántics que soñar con el empeoramiento de alguien que ya está enfermo en la vida real está relacionado con su curación o con una mejoría que está por venir.

Soñar con la enfermedad de un ser querido que en la vida real está sano puede están relacionado con cierta preocupación que sentimos hacia esa persona. Es un sueño que tiene el mismo sentido que verlo herido o que alguien le agrede. Es una imagen de nuestro temor a que le pase algo porque consideramos que es débil, que está indefenso o que necesita mucho de nosotros para salir adelante. En ese caso, el relato onírico no es más que el reflejo de un miedo y un temor que sentimos por esa persona que queremos.

Engañar

Soñar que nos engañan es la expresión de una desconfianza que sentimos hacia alguien. Que en el sueño se constaten nuestras sospechas no quiere decir, ni mucho menos, que sea cierto que nos han engañado. Sólo pone de manifiesto nuestro miedo a ser engañados por una persona concreta de la que desconfiamos o de algún desconocido por ser nuestro carácter de natural desconfiado.

Si somos nosotros los que mentimos, estamos escudándonos en mentiras y artificios para no decir las cosas claras por temor a las represalias. Estamos jugando con la hipocresía para salvar nuestro pellejo, aun sabiendo que no está bien mentir. Es un sueño moral también, pues nosotros sabemos que debemos enfrentarnos a la verdad y actuar en consecuencia pero preferimos mentir por comodidad y luego nuestra moral nos atormenta.

Enterrar

El sentido de este sueño ya se ha comentado en el apartado del elemento tierra y tiene un sentido muy parecido al de esconder. Enterrar es esconder algo bajo la tierra, algo que no queremos que se vea, ni se sepa y que puede ser que nos avergüence. Enterrar a otra persona es una manera de quitárnosla de en medio, bien porque nos molesta, bien porque es muy crítica con nosotros y no queremos que nos diga las verdades.

Enterrar cosas tiene el mismo sentido que esconderlas y que analizamos un poco más adelante.

Equipaje

En los sueños en los que hacemos las maletas o preparamos un equipaje deberemos tener en cuenta dos significados para interpretarlos. El equipaje indica, por un lado, un preparativo, algo que estamos «cocinando», algo que necesita de una preparación para que se lleve a cabo. No tiene que ser necesariamente un viaje, pero vernos preparando ropa y enseres personales, seguramente esté relacionado con nuestra vida personal y afectiva. Algo se está gestando, un cambio importante que no viene traído por la suerte sino por un proceso de preparación y trabajo constantes.

Por eso, si nos vemos con maletas mal hechas por la prisa, con mucha precipitación y con la sensación de no haberla hecho bien, es muy posible que no estemos dando los pasos adecuados para llegar al viaje, es decir el cambio que tanto hemos esperado.

El otro sentido que debemos darle a ese equipaje es el de nuestras cargas. Soñar que llevamos un equipaje demasiado pesado del que no podemos hacernos cargo será una señal de que arrastramos demasiados problemas y preocupaciones que no nos dejan avanzar a buen ritmo. Está relacionado con la primera interpretación pues si todos los preparativos que hacemos nos suponen tiempo, esfuerzo, con el consiguiente cansancio, puede ser que estemos haciendo un esfuerzo que nos deje sin fuerza para acometer la recta final de nuestro proyecto-viaje.

Esconder

Hemos hablado del sentido que tiene vernos o ver a alguien esconder algo en el apartado en el que analizábamos el significado del elemento tierra. Esconder tiene como interpretación ocultar a los demás algo que no queremos que se sepa. Lo mismo ocurre cuando es otro al que vemos escondiendo algo, esto pone de relieve nuestra desconfianza o que realmente, ese alguien sepa algo que no quiere que nadie más sepa.

Tiene también un componente moral porque nosotros escondemos a los demás aquellas cosas feas o inmorales que no estarían bien vistas y que no queremos someter al juicio de los demás.

Estallar

Un estallido es una explosión, algo que revienta por saturación, de forma violenta y causando daño a su alrededor. Los estallidos son avisos de que algo está a punto de suceder, algo que se ha evitado durante largo tiempo va a hacerse presente de una forma violenta e inesperada.

Ese carácter inesperado no lo es tanto, por eso nuestro inconsciente tiene la capacidad de avisarnos, porque entiende que algo se está gestando a causa de haberlo dejado demasiado tiempo sin solucionar. Será conveniente ver que otros elementos aparecen en el sueño ya que eso nos dará pistas del ámbito de nuestra vida al que se refiere y en qué sentido y con cuánta gravedad nos puede afectar lo que está a punto de estallar.

Estudiar

Que un niño o un estudiante sueñen con un examen o con que van al colegio es un puro reflejo de su realidad cotidiana, algo que hacen cada día, en escenarios que les son familiares y que en momentos de exámenes o de mucho trabajo, se les presenta también en los sueños con toda la fuerza con la que les afecta en la realidad.

Un adulto que se sueña en el colegio como si fuera de nuevo un niño tiene una connotación distinta. Es la vuelta al colegio, la vuelta a ser niño, la huida de la dura realidad de los adultos. Pero con un matiz interesante: quiere rectificar, ser mejor. Hay en este sueño un componente de arrepentimiento, de cosas que no se han hecho y se querrían retomar pero nos sentimos demasiado mayores. Que se sueñe en el colegio y no en un parque, marca la necesidad de volver atrás para rectificar algunas cosas, para aprenderlas o hacerlas mejor. Sea como sea, esa vuelta al colegio y a la infancia, aunque nos soñemos con la edad actual, es un viaje nostálgico y una huida a un tiempo que no volverá más y que nos gustaría recuperar y aprovechar más de lo que lo hicimos.

Soñar que se estudia, se lee un libro o se prepara para un examen es una señal del inconsciente que nos dice que estemos preparados, que no bajemos la guardia, que cuidemos nuestro intelecto y estemos abiertos a cambios que pueden estar por llegar. Es un aviso para que no nos estanquemos, para que seamos conscientes de que la vida es un continuo aprendizaje donde sólo podremos progresar y desarrollarnos si estamos abiertos a seguir aprendiendo siempre.

Florecer

Ver plantas o campos de cultivo que florecen es signo de fertilidad, no tanto de fruto conseguido como del que se puede conseguir si trabajamos y nos esforzamos. Los campos que empiezan a crecer indican tierras bien cuidadas y trabajadas que van a comenzar a ser productivas. Las flores tienen el mismo sentido, pero quizá por su carácter más decorativo deberemos relacionarlas no tanto con negocios o trabajo, como con situaciones prósperas e incluso con la fertilidad del propio soñante

Ganar

Soñar que ganamos la lotería es sin duda la señal de que estamos faltos de dinero y en el sueño hallamos una solución fácil y caída del cielo a nuestros problemas monetarios. El sueño, en este caso, es benévolo con nosotros y nos procura un alivio momentáneo, algo que nos salvaría la vida en un momento de necesidad sin tener que trabajar o buscar.

En raras ocasiones, los sueños de premios o loterías están relacionados con la realidad o tienen un carácter profético. Lo cierto es que se trata más bien de sueños en los que nuestro inconsciente nos da un respiro y unos momentos de liberación de la carga que tenemos durante el día pero no quiere decir que vaya a tocarnos la lotería. Sí puede interpretarse como un golpe de suerte, una ayuda que vamos a recibir sin esperar y que nos va a venir muy bien. Pero rara vez se refiere al dinero contante y sonante que estamos necesitando en el momento de tener ese sueño.

Soñar que se gana un premio es síntoma de insatisfacción de la imagen que los demás tienen de nosotros. Estamos pidiendo a gritos que se reconozca aquello que hacemos. Es un sueño muy relacionado con el que hemos comentado en páginas anteriores sobre las personas famosas. Buscamos un reconocimiento que no llega, queremos que el resto de las personas que nos rodean sepan qué bien hacemos las cosas y necesitamos que se nos reconozca públicamente. Por eso, al soñar que nos dan un premio, estamos viendo reconocido nuestro trabajo y al mismo tiempo un amplio número de personas está sabiendo también hasta qué punto nuestros esfuerzos son reconocidos y nuestro trabajo importante.

Golpear

Antes hemos hablado de daños y de su significado. Golpear puede y no puede causar daño o heridas en otras personas porque a veces las personas golpean el sueño o puertas u objetos con el fin de descargar su rabia y no con el objetivo de dañar a nadie. Y eso es lo que simbolizan los golpes: rabia contenida, rabia que no hemos sabido canalizar y nos sale de forma violenta a través de esos golpes.

Puede pasar en aquellas personas que son reservadas, no cuentan nada de lo que les pasas y acumulan toda clase de sentimientos que no han exteriorizado y salen en el sueño de manera abrupta. Será conveniente abrirse un poco, ir descargando, no quedarnos con todo lo que nos preocupa porque a veces, hablarlo con alguien, ya es un primer paso para empezar a solucionar las cosas.

Gritar

El grito es una señal de alarma, de petición de socorro o auxilio y la expresión del horror o el miedo. Gritamos como manera de desahogarnos, de expresar algún sentimiento que nos asfixia y que sólo encontramos consuelo expresándonos de esa manera.

La imposibilidad de gritar ante una situación de peligro es un sueño muy recurrente e indica un bloqueo por parte del soñante a expresar lo que le sucede y un rechazo a pedir ayuda a las personas que le rodean. El sueño es un aviso de que debemos recurrir a alguien, pues a veces otros puntos de vista nos pueden ayudar a encontrar soluciones.

Oír gritar a otra persona indica que ese alguien nos necesita, nos pide auxilio y ayuda.

Guerra

Las escenas de guerra en los sueños pueden estar provocadas por situaciones que se han visto en la televisión, en alguna película o por alguna noticia que se ha leído. Una vez descartado este supuesto, la guerra vista como una batalla, con soldados, con dos bandos, con sangre, heridos y demás, debe ser interpretada como una batalla interior del propio soñante.

Es posible que se esté viviendo una etapa especialmente inquieta, con muchos problemas que requieren de nosotros que nos posicionemos y defendamos nuestra postura y nuestros intereses hasta el final. Para algunos oniromántes, este sueño es el aviso de que algo grave está por pasar y para otros, es una señal de grandes cambios sociales y políticos y poco tiene que ver con la vida del propio soñante. En este caso, es bastante probable que, si es cierto que tiene un componente anticipatorio, el soñante se adelante a los hechos a partir de una serie de informaciones tomadas de la vida real o que sean fruto de una preocupación concreta por algo que se ha visto u oído.

Los muertos y heridos que se vean en ese relato onírico son, sin duda, las pérdidas que vamos a sufrir en ese proceso de posicionamiento y defensa de nuestros intereses. Lo que suceda al final de este sueño será muy revelador para darle una buena interpretación pero sin duda, de una guerra, nadie sale ganando y es seguro que en ese proceso vamos a perder cosas o dejar de contar con personas que hasta ahora formaban parte de nuestra vida.

Hablar

El sueño que más se repite referido al acto de hablar es aquel en el que el soñante no puede articular palabra por más que lo intenta. Es un sueño de angustia porque además la imposibilidad suele producirse, como ya hemos indicado en el apartado anterior, cuando más se necesita: en una huida, cuando queremos avisar a alguien, cuando queremos desahogarnos... La falta de habla es una señal de falta de comunicación, de incapacidad para que los que nos rodean nos entiendan y de hacernos entender. Es un sueño lleno de impotencia en el que, por más que queremos, no somos capaces de articular palabra.

Si el que no puede hablar es otro personaje de nuestro relato onírico, es muy probable que esa persona esté pidiendo ayuda o esté necesitando que seamos nosotros los que demos el primer paso para acercarnos y echarle una mano en lo que pueda necesitar. También puede interpretarse como alguien que podría darnos una clave importante para entender algo pero no lo hace porque no puede o porque podría acarrearle muchos problemas

Hemos visto en el apartado dedicado a las partes del cuerpo que la boca tiene un alto valor simbólico en el mundo onírico, que todo lo que sale de ella es importante porque a través de la boca nos comunicamos con el mundo que nos rodea.

Ver hablar a algún animal en nuestros sueños deberá interpretarse unido al significado que dicho animal tenga a nivel simbólico.

Oír hablar a un bebé de poco tiempo, cuando en la vida real eso no sería posible hasta que no pasara más tiempo, nos habla de proyectos que se encuentran en un nivel muy avanzado y que pronto van a reportar beneficios o buenos resultados.

Dicen los onirocríticos que oír hablar a alguien que no vemos en un sueño debe interpretarse como la voz de nuestra propia conciencia que aprovecha el amplio abanico de posibilidades que plantean los sueños, para hacerse presente.

Heredar

Soñar que se recibe una herencia debe interpretarse como una herencia, efectivamente, pero no precisamente como una herencia material. Será importante ver de qué parte o miembro de nuestra familia o conocido procede porque por ahí nos vendrán las responsabilidades.

Heredar en sueños, dicen los onirománticos, es heredar obligaciones, sobre todo las referidas a prestigio social, estatus o imagen pública. Quiere decir que vamos a tomar el relevo de alguien que nos precede y que vamos a adquirir un estatus que estaremos obligados a mantener para guardar su buen nombre. La herencia en sueños es entonces una herencia de responsabilidades y obligaciones que pueden traernos buenos momentos pero también malos, pues lo que se nos lega es una herramienta, no dinero, ni bienes. Una herramienta o una oportunidad de la que podemos hacer un buen o un mal uso y que será una responsabilidad del todo nuestra y que puede salpicar a otras personas.

Huir

No tiene más interpretación que la huida de los problemas y las situaciones que no podemos controlar. Habrá que ver en el sueño de qué huimos porque eso nos dará la pauta y el ámbito de nuestra vida al que estamos dando la espalda.

Con este sueño, el inconsciente nos está diciendo que estamos dejando de lado nuestras obligaciones y que ésa no es la solución. Si en el sueño logramos zafarnos de aquello de lo que huimos y salimos victoriosos, deberá interpretarse como una situación que nos sobrepasa, que consideramos que no nos corresponde asumir y al final, conseguimos sacárnosla de encima. Si por el contrario nos atrapa y no podemos escapar, lo que nos dice el sueño es que no perdamos energías tontamente porque al final tendremos que encarar la situación y hacernos responsables.

En las huidas es probable que nos sintamos incapaces de dar un paso. Esa imposibilidad de movernos puede interpretarse como una falta de energía para escapar de la situación pero también como una señal del inconsciente que nos dice que no gastemos fuerzas de manera inútil porque nuestra responsabilidad acabara atrapándonos. También puede verse como algo o alguien que nos impiden salir de un círculo vicioso en el que hemos caído y del que no podremos salir hasta que no cambiemos nuestra manera de comportarnos.

Incesto

Hemos visto en las páginas dedicadas al repaso histórico de la onirocrítica cómo en civilizaciones muy alejadas en el tiempo de la nuestra, los sueños relacionados con el incesto eran muy frecuentes y tenían sentidos no necesariamente negativos. En nuestra sociedad actual y en el mundo occidental más concretamente, la práctica del incesto es vista como algo completamente prohibido y pecaminoso. No se contemplan como normales las relaciones sexuales entre miembros de la misma familia, con lo que el sentido que debemos darle a estos sueños es el de ocultación de deseos que tememos expresar a los demás. Al ser el incesto algo tan reprobado, es como si aquellas cosas que tememos mostrar nos parezcan suficientemente graves o reprobables como para taparlas cueste lo que cueste.

En el tema de los sueños en los que se practica el incesto el psicoanálisis tiene un filón interminable y no es extraño que se interprete como un complejo de Edipo o de Electra no superado o como el reflejo de una personalidad excesivamente mimada o dependiente que nunca tiene suficiente con lo que recibe de quienes le quieren.

Hay onirocríticos que advierten de que en algún caso es posible que haya alguna correspondencia con la vida real y no hay que descartar automáticamente que el soñante se pueda sentir atraído por alguien de su familia. El intérprete no debe en ningún caso censurar al soñante pues él mismo ya usa todos los mecanismos que están a su alcance para no mostrarse del todo tal como lo presenta el sueño. Así que deberemos tener muy en cuenta las «resistencias» de las que hablaba Freud.

Para los que ven algo profético en los sueños, el incesto es el anuncio de problemas y quizá graves en el seno de la familia que el sueño traduce mostrando al soñante una situación que escapa de la normalidad y que no puede más que acarrear problemas a los implicados.

Infidelidad

Ver a nuestra pareja manteniendo una relación con alguien que no somos nosotros indica inseguridad, celos o falta de confianza en el otro que en los sueños se expresa a través de la traición o infidelidad.

El sentido cambia bastante si somos nosotros los que en sueños mantenemos relaciones con otra persona que no es nuestra pareja. En este caso, la interpretación debe orientarse más hacia cierta insatisfacción de índole sexual y sentimental. Es posible que no estemos del todo contentos con la relación que tenemos, quizá porque no es todo lo seria que nos gustaría y en el sueño «castigamos» al otro por esa falta de solidez. Puede ser también que nuestra vida sexual en pareja esté cayendo en el tedio o la rutina y nuestro cuerpo a través del sueño busca maneras de hacer realidad una vida sexual que empieza a parecernos aburrida. No se puede descartar que el sueño sea simplemente una proyección del deseo que sentimos por alguien concreto que nos gusta y que, al no poder hacerlo realidad, lo concretamos en nuestro relato nocturno. En cualquier caso, la infidelidad en los sueños nos está dando pistas sobre algún tipo de insatisfacción en la vida real.

Interrogatorio

Puede estar relacionado con un sueño en el que vamos a juicio o algo parecido, pero en sí mismo el interrogatorio indica que vamos a tener que rendir cuentas de nuestros actos. Un interrogatorio tiene más o menos importancia dependiendo de quién proceda. Así, si nos lo hacen agentes del orden, un juez o algún jefe, la importancia es mucho mayor que si la hacen personas anónimas o parecidas a nosotros. En este caso, debe interpretarse más como una necesidad malsana de la gente que nos rodea de saber de nuestra vida y podría ser que alguien cercano se estuviera dedicando a chismorrear sobre nuestros asuntos.

Invitación

Recibir una invitación a un acto, sea del tipo que sea, es una señal de que alguna puerta que hasta ese momento estaba cerrada se va a abrir para nosotros. La invitación a casa de otra persona es una señal de negocios y tratos que van a contar con el beneplácito de gente que nos puede ser de mucha ayuda. Cuando alguien nos invita, nos abre la puerta de su casa, es como si ya formáramos parte de su círculo y confiara en nosotros, tanto como para darnos cabida en su propio hogar.

Las invitaciones hay que interpretarlas como caminos que se empiezan y de nuevo, como en tantos otros símbolos, será importante ver si realmente llegamos a ejecutar esa invitación, cuál es el sentimiento que predomina en nosotros ante el acontecimiento y quiénes son los personajes que nos invitan.

Soñar que nos invita una persona de alto rango será señal de que contamos con el apoyo de nuestros superiores en aquellas tareas que desempeñamos y es posible que un ascenso o mejor laboral estén cerca. Si quien nos invita es un amigo, debe interpretarse como la posibilidad de llegar a hacer algún negocio con esa persona, del que los dos saldrían beneficiados. En el caso de los amigos, el sueño puede tener otra interpretación relacionada en este caso con una mejora o estrechamiento de las relaciones.

Las invitaciones de personas desconocidas nos indican caminos que igual estamos ignorando y que pueden ser una buena alternativa a nuestra situación actual pero que no contemplamos por considerarlas o bien arriesgadas, o bien poco atractivas.

Invisible

La interpretación del sueño en el que el narrador-soñante es invisible a los demás es clara y no deja lugar a dudas. Puede estar provocado por un exceso de responsabilidades de las que queremos desprendernos a toda costa, aunque al mismo tiempo no queremos dejar de perderlas de vista. Ser invisible comporta que nadie nos ve pero, al mismo tiempo, nosotros lo vemos todo. De alguna forma, queremos delegar en otros cosas que nos competen pero no acabamos de fiarnos.

Es posible que al verse invisible lo que el soñante busca o desea es saber cosas que le están vedadas y cree que pudiendo ver a las personas sin ser visto puede llegar a enterarse de cosas que, de otra manera, le sería imposible.

Que alguien se vuelva invisible de pronto en nuestros sueños es una llamada de atención al soñante en relación a esa persona. Es como si ese alguien se esfumara, lo perdiéramos de vista y quedara fuera de nuestro alcance. Dicen los oniromànticos que en estos casos, si conocemos a la personas en cuestión, será interesante preocuparse por ella y ayudarla si lo necesita. Si es desconocido, lo mejor será tener cuidado con personas demasiado escurridizas que saben más de nosotros, que nosotros de ellas.

Jugar

Empecemos por el juego relacionado con la infancia, algo que es común a todos los menores y que todos hemos practicado en nuestra vida. Soñar que se juega con cosas y entretenimientos propios de los niños es un síntoma de nostalgia. Como hemos visto en esos sueños en los que se vuelve al colegio, todo lo relacionado con la niñez tiene que ver con un deseo del adulto de volver a aquella etapa en la que estábamos libres de cualquier responsabilidad u obligación.

Si soñamos con juegos de azar, el sentido es el mismo que aquellos en los que ganamos la lotería y que hemos explicado antes. En ese sueño buscamos un premio que solucione nuestros problemas. Si además es un juego que requiere de nuestra destreza y en el que podemos estar arriesgando dinero y medios propios, tendremos que tener presente que estamos poniendo mucho en juego y que las soluciones más acertadas no son siempre las más arriesgadas. Este sueño nos está indicando que seamos cautos, que no hay milagros en temas económicos y que no debemos apostar o arriesgar todo lo que tenemos dejándolo todo al capricho del azar.

Juicio

Verse sometido a juicio indica un papeleo o trámites que vamos a tener que hacer frente y que nos van a obligar a pasar cuentas con alguien. No tiene que ser necesariamente un juicio en la vida real, a no ser que estemos en pleno proceso judicial y el sueño sea un reflejo de nuestras angustias reales.

El juicio indica un movimiento de papeles, de burocracia, de dar muchas vueltas para resolver algo. Algunos oniromÃ¡nticos apuntan a que el que sueña con un juicio es porque siente que se está cometiendo alguna injusticia con él y cree que alguien debería tomar cartas en el asunto. En este caso, el juicio es algo que busca el soñante porque está convencido de su «inocencia».

Soñar que nos declaran culpables en dicho juicio comportará contratiempos en toda esa burocracia que tendremos que afrontar. Si resultamos inocentes, saldremos airosos y las cosas irán mejor dadas de lo que esperábamos a pesar de los inconvenientes. No ver la resolución del juicio es una señal de que estamos todavía en pleno proceso de gestiones y búsqueda de soluciones y todavía queda un buen trecho hasta verlo todo concluido.

Labrar

Labrar la tierra es señal de trabajo y constancia que nos darán satisfacciones. Soñar que se trabaja la tierra indica al soñante que está en el buen camino y que debe seguir por ahí porque ésa es la única manera de conseguir lo que se persigue.

Si al vernos trabajar la tierra tenemos complicaciones (llueve, alguien nos molesta, la tierra se hunde) habrá que ver qué elementos son los que impiden nuestro trabajo y analizarlos conjuntamente porque en ese caso es muy probable que nos encontremos con problemas que ralentizarán nuestro trabajo a pesar de todos nuestros esfuerzos.

Si además de labrar, vemos el campo lleno de fruto por recoger, querrá decir que triunfaremos en nuestra empresa y que nuestro esfuerzo se verá recompensado con la consecución de nuestro objetivo. Si por el contrario, el fruto se pudre o alguien lo roba y no podemos disfrutar de él, deberemos ser cautos porque es posible que estemos dedicando esfuerzos a algo que al final no valdrá la pena.

Lavar/Lavarse

El agua tiene un componente purificador que ya hemos comentado en varias ocasiones. Soñar que uno se lava es señal de regeneración, de limpieza y de dejar atrás las impurezas y las cosas de nuestro carácter que nos impiden el crecimiento.

Como también hemos indicado con anterioridad, las características del agua serán de vital importancia para determinar el sentido del sueño. Se pueden ver más detalles sobre el sentido del aseo en el apartado de Escenarios donde se habla de la simbología de los cuartos de baño.

Si en lugar de lavarnos nos vemos lavando ropa, objetos o limpiando nuestra casa lo que estamos significando con ese sueño es la necesidad de empezar de nuevo y dejar atrás todo lo negativo. Con la limpieza, el soñante muestra su necesidad de desprenderse de lo viejo y lo «sucio» que no le deja crecer de manera de constructiva.

Llorar

Para los que ven en los sueños predicciones de futuro, las lágrimas son un mal presagio que anuncian acontecimientos funestos que están por venir. Para los onirocríticos que prefieren ver el valor simbólico, las lágrimas son agua y sal que limpian y arrastran las penas. Llorando sacamos el dolor, lo exteriorizamos y es más fácil seguir adelante.

El llanto va ligado a emociones profundas, tanto tristes como alegres, y por eso los humanos también lloramos de alegría. Debe verse como una manifestación de nuestra alma, que necesita explotar y expresarse de alguna forma, por eso puede ser síntoma de que en la vida despierta no exteriorizamos lo suficiente las cosas que nos suceden y se nos acumulan.

Mentir

Mentimos cuando con la verdad no vamos a conseguir lo que queremos. Una mentira es un truco, una manera tramposa de llegar a un destino que nos hemos propuesto y que no podemos alcanzar con las cosas que de verdad poseemos o sabemos. Si mentimos en un sueño es posible que tengamos dudas de poder alcanzar nuestros objetivos de manera limpia y sincera y caemos en la tentación de mentir sobre nuestras habilidades, nuestras pertenencias o nuestros conocimientos.

Si vemos a otra persona mentir, dicen los onirománcticos que descubriremos un secreto o dato que nadie más sabe. Eso es si vemos a alguien mentir a otra persona y le descubrimos en la mentira. Porque si lo que sucede es que nos mienten a nosotros y no lo descubrimos hasta que es demasiado tarde, es probable que alguien nos esté tendiendo alguna trampa de forma muy velada.

Morder

Los sueños en los que mordemos a otra persona apuntan a un alto grado de agresividad acumulada. No es normal que las personas se ataquen a mordiscos, como hacen los animales, y vernos ejecutando esa agresión indica que hay demasiada rabia acumulada en nosotros.

Ver que nos muerde otra persona debe interpretarse como la ira que alguien siente hacia nosotros y nos la muestra con un bocado. Si es un animal el que nos ataca o un monstruo o ser imaginario, deberemos interpretarlo como miedos y temores que nos alcanzan y no nos dejan vivir con tranquilidad. También pueden ser situaciones dolorosas o penosas que tememos tener que experimentar.

Morir

Soñar con la muerte de un ser querido o de alguien que conocemos es uno de los sueños más angustiosos que pueden tener los soñantes. Es habitual que la persona se despierte angustiada e incluso sienta algún temor por el otro con el que ha soñado. A veces la muerte no es de alguien conocido sino de personas ajenas que vemos morir. El sentido en uno y otro sentido casi no varía.

Hay un dicho popular que dice que si sueñas que alguien se muere, le alargas la vida o le salvas de algún peligro. Esta interpretación es difícil de demostrar y además es imposible determinar la cantidad de peligros a las que podemos vernos sometidos en un día cualquiera casi sin darnos cuenta. Lo que sí podemos determinar es la simbología de la muerte. La muerte es un tránsito, un paso a otra vida que ni siquiera sabemos si existe. De esta manera, a nivel onírico la muerte de una persona debe interpretarse como un cambio importante en su vida, como una evolución, una renovación. Por tanto, no debe verse exclusivamente como algo negativo ni como un mal augurio para la persona con la que soñamos. Tampoco tiene siempre un sentido positivo ya que el cambio puede ser a peor aunque a priori se vea como algo bueno o como una oportunidad.

Cuando vemos morir a alguien de una manera violenta, el sentido se mantiene pero quizá la persona en cuestión se vaya a ver forzada o empujada de una forma no voluntaria a esos cambios que anticipa el sueño.

Soñar con la muerte de alguien que está enfermo es un sueño común y que, por lo general, suele tener el sentido contrario. Dicen los onirománticos que soñar que muere alguien que está enfermo es traerlo a la vida, es sanarlo, como si de alguna manera descansara de sus males. Es obvio que hay sueños que son del todo anticipatorios y es probable que en algún sueño en el que soñemos que alguien muere, acabe muriendo, porque los datos objetivos (una enfermedad, un accidente que ha padecido) ya nos lo están indicando. Pero sería necesario conocer todos los detalles del sueño y por supuesto saber si el soñante en cuestión tiene alguna capacidad vidente más desarrollada que la de la gente normal.

Mudanza

Soñar que nos cambiamos de casa es un sueño que anuncia cambios importantes en nuestra vida. Cambiar de hogar es uno de los procesos de más difícil adaptación para las personas incluso cuando es voluntario y va a ser para mejorar nuestra calidad de vida. El sueño indica que se avecinan cambios que afectarán a nuestra vida cotidiana, que se verá sustancialmente alterada. Eso no quiere decir que sea negativo, sólo que todos esos cambios van a cambiar nuestra rutina y van a romper nuestro ritmo habitual para imponer otro.

Navegar

Soñar con barcos y que se viaja en ellos habla de las incertidumbres del soñante, de un deseo de huida o cambios en su realidad. Una situación de la que no se ve la salida se representa a nivel onírico como un viaje por mar o río, ambos escenarios altamente impredecibles. Todo lo que suceda en el sueño tendrá un gran valor simbólico porque todo lo relacionado con el agua lo tiene.

Un sueño en el que navegamos y acabamos naufragando será una señal de que esa incertidumbre no tiene visos de resolverse de forma positiva. Es posible que nuestro inconsciente nos esté avisando de que debemos ser más cautos ya que es probable que estemos moviéndonos en terrenos peligrosos.

Las tormentas, el oleaje o, por el contrario, la placidez de las aguas, la llegada a puerto son otros elementos que deben tenerse en cuenta pues acabarán de darnos una respuesta a las dudas que podamos tener sobre un asunto concreto que tenemos entre manos.

Noticias

Recibir noticias en un sueño es síntoma de la necesidad de recibirlas. Seguramente estamos esperando saber algo de alguien o quizá estemos esperando un aviso para trabajar o algo parecido. Esa espera se traduce como una noticia, algo que esperamos y por lo que desesperamos si no llega.

Si no tenemos nada pendiente, no esperamos noticias de nada ni de nadie, es probable que el sueño tenga un carácter anticipatorio y en breve sepamos de algún conocido del que no sabíamos nada desde hacía tiempo o nos enteremos de algo que sea toda una novedad para nosotros.

Operación

Los oniromántos dicen que las operaciones indican malos estados de salud en nosotros, o en la gente que nos rodea. Incluso aquellos que no ven en los sueños ningún viso adivinatorio coinciden en que son señales del cuerpo y de la mente para advertirnos de que algo no anda bien. Ver o saber en un sueño que un ser querido va a ser operado deberá ponernos sobre aviso y estar pendientes de esa persona y de su salud.

Orar

Cuando uno reza, habla con su dios. En un sueño en el que veamos gente rezando, deberemos entender que hay alguna situación cercana a nosotros que requiere del consejo de alguien experto y sabio. La gente rezando indica que ninguno de los que está ahí está capacitado para tomar una decisión adecuada y que se hace necesaria la intervención de alguien con más criterio.

Si somos nosotros los que rezamos, estamos necesitando una guía, alguien que nos dé un buen consejo porque no acabamos de ver claro por dónde tenemos que seguir nuestro camino.

Obviamente para las personas de fe, el sueño puede tener un contenido religioso más importante y puede estar relacionado con el momento espiritual que esté viviendo esa persona.

Orgía

Una orgía es un caos de gente practicando sexo, una actividad que en principio y según las normas establecidas está pensada para dos personas. Esa cantidad de gente haciendo algo que, en principio, es sólo cosa de dos indica caos y desorganización.

Eso es un primer nivel, porque evidentemente tiene un contenido sexual muy explícito que puede estar hablándonos de alguna fantasía no realizada o de cierta insatisfacción sexual en la vida real.

Parir

Dar a luz es señal de prosperidad y proyectos que se cumplen. Cómo sea el bebé de nuestro sueño marcará el resultado de ese proyecto. Si nos vemos pariendo pero no llegamos a ver al niño, el sueño indica que todavía no ha llegado el momento de recoger los frutos de nuestro trabajo.

Ya hemos comentado que los sueños en los que aparecen bebés nuestros recién nacidos son sueños positivos si los bebés están sanos y lucen buen aspecto. Si no es así, el sueño puede ser un aviso de que, a pesar de nuestros esfuerzos, nuestros proyectos no van a tener el resultado que esperábamos de ellos.

Si es un hombre el que sueña que da a luz, la interpretación debe ser otra. El hecho antinatural de ver a un hombre pariendo debe interpretarse como un mal augurio, una señal de que todo puede ponerse patas arriba pues un mundo en el que hombres dan a luz criaturas, es un mundo en el que se han invertido los papeles y todo funciona al revés.

Patinar

Patinar es deslizarse, es una forma de andar sobre nuestros pies de una forma rápida. Soñar que se patina es indicio de que las cosas marchan, que las tenemos bajo control. Está claro que si el que sueña eso es alguien que no sabe patinar y se ve angustiado intentándolo en un sueño, el sentido cambia y será más acertado decir que el relato onírico indica un temor a no estar preparado para afrontar algo.

Si el que sueña no sabe patinar pero en el relato onírico lo hace bien y no tiene mayor contratiempo, lo que está diciendo el sueño es que tenemos talentos ocultos o más desarrollados de lo que nosotros pensamos y se hace necesario tener un poco más de confianza en nosotros mismos.

Los tropiezos, las caídas y demás incidentes que podamos sufrir en este sueño deben interpretarse como lo que son y ya hemos comentado y comentaremos también más adelante.

No debe olvidarse que el patinaje puede hacerse sobre hielo y que esa superficie deslizante no augura ni firmeza ni seguridad. Si nos vemos en una pista de hielo es posible que la situación o el proyecto al que nos enfrentamos sea de lo más incierto.

Pelear

Las peleas en los sueños hablan de rencores del soñante. Si uno se ve discutiendo con un amigo puede ser que se tenga con él una cuenta pendiente que no hemos saldado. Es posible también que haya algo que no le hemos dicho y que nos molesta y en el sueño lo traduzcamos en forma de pelea pues pensamos que se enfadará cuando se lo digamos.

Las peleas físicas pueden tener un componente de rabia y de impotencia acumuladas que expresamos a través de unos golpes y una agresividad que no mostraríamos en la vida real.

Para los onirom..ánticos la interpretación es directa y apuestan por deducir que tendremos algún altercado en breve con alguien conocido.

Pescar

El que pesca busca su sustento y está a expensas de la suerte. Si nos vemos pescando en un sueño es muy probable que estemos buscando respuestas vitales, importantes para nosotros. La pesca es un acto solitario, salvo cuando es profesional y se va en grupo. Pero el pescador es alguien que con su propia caña tiene que buscar su presa, tiene que encontrar una respuesta que le sirva y que sólo él puede encontrar.

Los sueños en los que se pesca tienen ese sentido más trascendental y habrá que ver qué condiciones tiene el agua y el entorno en el que se desarrolla el sueño para perfilar su significado.

Podrir

Ver cosas podridas en un sueño indica que hemos dejado pasar demasiado tiempo para tomar una decisión y posiblemente ya sea demasiado tarde para hacerlo. Se pudre aquello que no se come, que no se usa, que madura demasiado. Y eso es lo que el relato onírico nos enseña, que las cosas necesitan soluciones y respuestas en su momento, si no, es probable que se nos acaben muriendo e incluso pudriendo entre las manos.

Quemar

Hablamos en este apartado de un fuego voluntario, de un acto en el que nosotros quemamos algo, no del fuego como incendio o fenómeno natural pues eso ya lo hemos explicado al hablar de la simbología de este elemento.

Como ya hemos explicado anteriormente, el fuego es purificador aunque también puede ser destructivo. Si en sueños el fuego es provocado y quemamos algo de manera involuntaria y controlada, estamos acabando con un tema de nuestra vida que nos incomoda y no nos aporta nada. Si por el contrario, al prender fuego a algo, se nos escapa el fuego de las manos y empiezan a arder cosas que no queremos destruir, querrá decir que en nuestro intento por acabar con las cosas improductivas de nuestra vida perderemos algo más que sí apreciamos y queremos.

Se pueden ver más ejemplos de los significados de sueños parecidos en el apartado dedicado a la simbología del fuego expuesto anteriormente.

Rejuvenecer

Los sueños en los que una persona mayor rejuvenece y se ve como cuando era un joven indican el rechazo o la resistencia a hacerse mayor. Si somos nosotros los que soñamos eso, la reticencia viene de nuestra parte. Si por el contrario, vemos a alguien querido hacerse joven cuando es mayor, hay que inclinarse por interpretar que no queremos que esa persona se haga anciana porque eso significa que está más cerca de la muerte y no queremos perderla.

Es un sueño propio de hijos en relación a sus padres o sus abuelos. Un sueño con el que pretendemos llevarlos a una edad más temprana porque tememos perderlos y en sueños los hacemos jóvenes para evitarlo.

Robar

Las personas que sueñan que les atracan o les roban algo de valor muestran miedo a perder algo preciado. El sueño no es más que el reflejo de ese temor y no tiene porqué ser un sueño que anticipe una pérdida real.

Es importante ver y recordar de qué manera se produce ese robo: si es con violencia, entrando al hogar del soñante, en la calle, en un lugar extraño... El escenario de este relato onírico y la sensación que experimenta el soñante son vitales para entender a qué ámbito de nuestra vida se refieren nuestros temores pues con ambos elementos será más fácil determinar una interpretación acertada.

Si lo que soñamos es que nosotros robamos algo, cuando no es habitual que lo hagamos y vemos en ello algo reprobable, el sueño nos está indicando un deseo, algo que queremos poseer y no tenemos. Robándolo nos hacemos con él de manera inmediata y sin esfuerzo y no tenemos que esperar a tener dinero para adquirirlo. La sensación también es importante en este relato onírico. Si sentimos culpa, es que somos plenamente conscientes de que debemos esperar y adquirir ese bien por nuestros propios medios y de forma honrada. Si no sentimos ningún temor, en el sueño nos estaremos liberando de algún tabú que durante la vida nos impide desarrollarnos con plenitud por el deber de cumplir las normas. Si nos pillan cometiendo el delito, el sueño se convierte en un aviso de que debemos ser más respetuosos con las normas y las leyes porque antes o después pueden pillarnos y eso nos acarrearía serios problemas.

Romance/acto sexual

Aquellos sueños en los que una persona soltera se ve teniendo una historia de amor con otras personas, desconocidas o no, indican claramente una necesidad afectiva que en la vida real no es satisfecha. Es común en la etapa adolescente tener este tipo de sueños cuando se está en pleno despertar sexual y el mundo de las relaciones está todavía por descubrir. El ideal de amor que tenga la persona en su cabeza se puede ver materializado en el romance vivido en el sueño y es frecuente proyectar todo aquello que se desea en ese tipo de relato onírico.

Las personas adultas que tienen sueños en los que mantienen romances idílicos y de los que se mantiene un buen recuerdo al despertar están pidiendo a gritos ser queridos, amados y quizá tener una relación que les procure eso que buscan en sueños. No es extraño que personas con fuertes cargas sentimentales por haber experimentado situaciones desagradables en su vida tengan sueños de este tipo. En este caso, el sueño actúa como una suerte de bálsamo, como un alivio para soportar mejor la dureza de la vida real.

Ruido

Oír ruidos constantes y pesados durante un sueño puede tener una causa física real, esto es, quizá el vecino esté de obras, quizá haya un ruido monótono como puede ser de un aire acondicionado que se cuela en nuestra cabeza y nos acompaña durante el sueño. Dormir con los auriculares puestos puede producir la misma sensación en la que creemos que el ruido o música que oímos lo genera nuestra propia cabeza.

Ahora bien, en aquellos relatos oníricos en los que esta situación no se da y no dejamos de oír un ruido molesto que nos impide oír bien a quien nos habla, o nos despista de aquello a lo que queremos prestar atención, el sueño nos está indicando algo importante. Ese ruido es una distracción, algo o alguien que quiere desviar nuestra atención para que no veamos o no nos enteremos de algo que nos puede ser muy útil. Habrá que estar pendientes y evitar a toda costa que alguien pueda hacernos perder la concentración de aquellas cosas que de verdad nos interesan.

El ruido es una forma de ocultación. También puede ser entonces que alguien esté aprovechando el jaleo y el posible despiste con el que actuamos para ir haciendo las cosas a su voluntad sin que nos enteremos.

Ruptura

Si la ruptura es con una pareja que se tiene en la vida real no debe interpretarse como el final de esa relación a no ser que estemos en una fase parecida o que en el sueño ese final nos produzca alivio y liberación. Se puede soñar que se rompe con la pareja y sin embargo no significar que eso vaya a terminarse. Es posible que la relación vaya a tomar un nuevo rumbo que puede ser mejor o peor pero no necesariamente malo. En cualquier caso, se avecinan cambios importantes que van a cambiar la rutina que hasta ese momento teníamos con la persona amada.

Si el que sueña no tiene pareja y se sueña con una con la que rompe, el sentido debe enfocarse hacia otros ámbitos de nuestra vida. El final de una relación sentimental es un proceso traumático que comporta cambios importantes en la vida de las personas y por tanto deberá interpretarse como una nueva etapa que comienza y que va a ser radicalmente distinta a la que hemos experimentado hasta el momento. No nos cansaremos de repetir que la interpretación de las acciones, como la de los símbolos que hemos ido explicando, adquiere un sentido más completo teniendo presentes el resto de elementos que aparezcan en el sueño y el momento vital que esté desarrollando en esos momentos el soñante protagonista del relato onírico.

Seducir

Soñar que alguien nos seduce indica una vida sensual y afectiva que necesita un reciclado urgente. Quizá estemos viviendo un período de cierta monotonía o de búsqueda de emociones fuertes que no llegan o no tenemos. En ese caso, el cerebro nos envía un sueño complaciente, de esos que nos ayudan a soportar mejor la realidad.

Si la seducción viene por parte de nuestra propia pareja, quizá estemos necesitando renovar la vida sexual y sentimental con ella. Si es un desconocido, es que nos está haciendo falta algún aliciente que no tenemos y que deseamos a toda costa para darle un poco de sal a nuestra existencia.

Si somos nosotros los que seducimos, deberemos prestar atención a nuestra actitud en la vida ya que es probable que lo que el sueño no esté indicando es que debemos ser más activos en todos los ámbitos de nuestra cotidianeidad.

Muchas personas sueñan que personajes famosos de su agrado las seducen y quieren tener algún tipo de relación ellas. En este caso, habrá que interpretar dos elementos: por un lado, la acción de seducir y, por otro, el personaje famoso, que como hemos dicho antes, está muy relacionado con la falta de reconocimiento público de nuestro trabajo o nuestras acciones.

Sentarse

Para tener una buena interpretación del sentido de un sueño en el que nos vemos o vemos a alguien sentado o que se sienta, será importante leer la entrada que habla de la silla en el apartado de Decoración de este libro. Pero el hecho de sentarse es una forma de dar a entender que ya hemos logrado lo que buscábamos, que hemos conseguido aquello que nos hemos propuesto y puede ser que sea el momento de ocupar el lugar que nos corresponde. La silla indica estatus y el hecho de sentarse en ella es la constatación de que somos merecedores de él.

Ver a otra persona sentarse indica exactamente lo mismo, pero entonces estaremos hablando de sus logros y de la posición que van a ocupar en la vida.

Soborno

De nuevo nos encontramos ante un sueño que tiene que ver con la conciencia moral. El soborno es un precio que se cobra por hacer algo que no está bien, algo que no es lícito y no es fruto del trabajo honrado y constante.

La persona que sueña que acepta un soborno y se siente mal o con remordimientos por ello, sabe que hay algo en su vida que no está haciendo como es debido, que va en contra de sus principios y le provocará malestar hasta que le plante cara a la situación.

Si por el contrario no hay remordimiento es muy probable que hayamos aceptado como bueno cosas y actos que no lo son, bien obligados por las circunstancias, bien porque el bien que conseguimos es superior al mal que podemos causar.

Ver a otras personas aceptando un soborno es un indicio de que debemos desconfiar de alguien que no está jugando limpio. Si es una persona conocida, está más relacionado con nuestra desconfianza hacia ella que con un hecho real que tenga equivalente con el del sueño.

Subasta

Para los oniromántico no es un buen presagio ver cómo nuestros bienes o nuestras posesiones son puestas a subasta o están al alcance de cualquiera. Es una señal de pérdida, de que aquello que tanto nos ha costado conseguir puede estar en manos de cualquiera al menor error que cometamos. Ver cómo se venden nuestras cosas sin que podamos hacer nada es mala señal porque en una subasta además hay un componente legal pues normalmente es algo que dictamina un juez.

Estar nosotros en una subasta y pujar por conseguir cosas de otras personas que están metidas en algún problema tampoco es un buen sueño porque lo que nos dice el inconsciente es que vamos a aprovecharnos de la debilidad o el error de alguien para beneficiarnos de manera material.

Subir

Ya hemos hablado de la simbología que tiene subir o bajar cuando hemos hablado de las escaleras o los ascensores, y hay poco más que añadir a este respecto. Como ya hemos indicado, la subida siempre será una señal de ascenso social y de logros personales, mientras que la bajada indicará lo contrario. La manera o los medios con los que subimos o bajamos marcará muchísimo el contenido del sueño, así como todo lo demás que ocurra en él y que puede darnos muchas más pistas sobre el ámbito o los detalles de ese ascenso o descenso.

Sufrir

El sufrimiento propio en el sueño puede ser fruto de un sufrimiento real que trasladamos al relato onírico. En el caso de no seamos conscientes de estar sufriendo por nada pero en el sueño nos vemos claramente pasándolo mal, deberemos observar con detenimiento qué es lo que puede estar soterrado y causándonos daño de manera imperceptible. Notar angustia, dolor o pena en un sueño hasta el punto de sentir esas cosas como si fueran ciertas tiene por fuerza un equivalente con la realidad.

Es posible que el hecho al que nos remita esa sensación de sufrimiento sea pasado y no reciente. En ese caso, es probable que nuestro inconsciente esté trayendo al presente cosas sin solucionar a las que deberemos plantar cara. Puede ser que sea algo del presente pero que durante la vigilia ignoramos de manera consciente o no y que en el sueño se nos presenta con la sensación que deberíamos tener si de verdad afrontáramos la realidad.

Suicidio

El suicidio es la forma de acabar con todo... incluso con la vida. Soñar con el propio suicidio suele darse en personas que viven un proceso depresivo severo o algún trastorno mental que requerirá de tratamiento profesional. Puede ser también que sea un relato onírico producido en un momento de gran estrés, en el que mientras dormimos encontramos la manera de huir definitivamente de todo, con lo que puede ser un sueño simplemente de evasión.

El suicidio puede indicar el fin de una parte de nosotros, no del todo. Es probable que hayamos cambiado de vida, que hayamos decidido dejar el trabajo, dedicarnos a otra cosa, acabar con una relación que no tenía futuro... pero siempre será algo en lo que nosotros hayamos tomado las riendas. Porque el suicidio tiene un componente de actividad, de toma de decisión y además, de valentía o de imprudencia. Tomar decisiones drásticas puede ser una solución valiente o muy aventurada. El resto de lo que suceda en el sueño nos dará la clave de si nuestra decisión de cambiar de vida es acertada o simplemente un riesgo que no debemos correr.

Susurrar

Se dicen susurrando aquellas cosas que sólo queremos que oiga un número limitado de personas. Son cosas, por tanto, que no debe saber la mayoría, sólo aquellos a los que elegimos para que lo sepan y por eso hay un componente de secreto y de misterio en los susurros.

Alguien que en sueños nos habla en susurros y no podemos entender lo que nos dice es alguien que quiere decirnos algo y no sabe cómo porque tiene miedo al ridículo. Si somos nosotros los que hablamos de este modo y no logramos hacernos entender, la situación es a la inversa. Si logramos entender o que nos entiendan, será interesante retener el contenido de lo que decimos y nos dicen porque a buen seguro nuestro inconsciente nos estará revelando cosas que durante la vigilia no seríamos capaces de detectar.

Tatuaje

El tatuaje es un símbolo de posesión, de pertenencia a algo o a alguien. Es normal que los enamorados se tatúen los nombres de sus parejas en alguna parte del cuerpo o que las personas con determinadas ideas o creencias las pongan de manifiesto en su propio cuerpo. Pues eso es lo que indican también en un sueño. Los tatuajes que podamos ver en nosotros o en otros nos estarán hablando de la pertenencia de esa persona a un determinado grupo, a una idea o simplemente, a algo de lo que depende voluntaria o involuntariamente.

Si lo vemos en nosotros y en la vida real no tenemos tatuajes, ni nos interesan, será importante recordar el contenido de esos dibujos que vemos en nuestra piel pues nos van a dar información sobre cosas a las que estamos demasiado atados y que de manera consciente no podríamos detectar o ni siquiera reconocer.

Tejer

Tejer es una labor manual y trabajosa. El que se ve tejiendo en un sueño, sin duda está trazando un camino lento pero muy seguro para conseguir sus objetivos. Ver gente alrededor de uno que teje y hace labor sin parar, significa que está rodeado de gente competente y trabajadora con la que formar un equipo muy productivo.

Podría decirse que tejer o hacer labor tiene un sentido parecido al de labrar, es la preparación, la fase previa que requiere de nuestro esfuerzo para luego poder seguir un determinado camino del que no debemos salirnos hasta llegar al final.

Traducir

El que traduce, intermedia. Así en aquellos sueños en los que necesitemos un traductor para entendernos con alguien, deberemos interpretar que tenemos algún problema para hacernos entender o para que los demás nos entiendan. No es negativo, pues aparece la persona que lo soluciona, el traductor, una figura que deberemos interpretar como una ayuda, una herramienta, alguien que nos pone en contacto con la realidad y nos acerca a ella.

Si a pesar de la presencia de un traductor no logramos que nos entiendan, el problema es más serio y deberemos replantear nuestra actitud con el entorno pues hay un problema serio de comunicación.

Si los que hacemos de traductores somos nosotros mismos, tendremos un papel importante en algún ámbito de nuestra vida, pues seremos el puente necesario para que se consigan determinados objetivos.

Traicionar

Soñar que alguien conocido nos traiciona debe interpretarse como en otros sueños en los que alguien nos falla, como el temor o las sospechas que tenemos sobre esa persona en la vida real. No tiene porqué ser algo consciente, es posible que en nuestro fuero interno y de una forma poco evidente no confiemos del todo en alguien que en el sueño se nos aparece como un traidor. Este sueño, por tanto, está más relacionado con los temores del soñante que con una traición en la vida real.

Ahora bien, si el que nos traiciona es alguien desconocido para nosotros, aquí sí que deberá tener el soñante una actitud más vigilante y atenta porque puede ser un aviso de una situación desfavorable que está por venir provocada por alguien que nos hará una mala pasada.

Si los traidores somos nosotros mismos, la sensación de remordimiento o de indiferencia marcará el carácter moral de este sueño. Es posible que alguna decisión nuestra, tomada a conciencia, tenga consecuencias sobre otras personas o arruine proyectos o intereses de otros.

Trepar

Es un sueño muy relacionado con la ascensión y la bajada que tanto hemos comentado. Se trepa para subir, para alcanzar algo que en ese momento no podemos ni tocar. Subir es ascender, mejorar, por tanto vernos trepando es el símbolo de que estamos en camino de conseguir algo. Eso sí, con tremendo esfuerzo pues ni vamos caminando, ni corriendo, ni en ascensor. Vamos trepando, como lo hacen animales, subimos de una forma que los humanos no acostumbran a practicar porque no están entrenados para hacerlo y además es muy agotador. De nuevo, ver cómo se desarrolla el sueño, el lugar por el que trepamos y lo que nos sucede durante el camino acabará de marcar el sentido de esta acción.

Tropezar

Nada más claro que un sueño en el que se tropieza. Indica dificultades, zancadillas, problemas que se nos presentan en el camino y que van a complicar la marcha normal de los acontecimientos. Si nos hacemos daño o no, será importante para determinar la gravedad del tropiezo en sí. Si salimos indemnes y continuamos la marcha, estaremos hablando de pequeños inconvenientes que para nada impedirán que sigamos con nuestros planes tal como los habíamos trazado. Si por el contrario, el tropiezo nos impide continuar caminando, deberemos estar alerta con posibles imprevistos que pueden hacernos salir del camino que teníamos pensado seguir.

Vagabundear

Verse en la más absoluta miseria o pidiendo dinero y comida a desconocidos es un síntoma de miseria material y también puede ser moral. Puede que estemos atravesando un mal momento económico y, en ese caso, la interpretación debe ir dirigida al aspecto monetario. Pero también puede ser que el ir y venir sin rumbo fijo que se puede observar en los vagabundos no sea más que una señal de una pérdida de orientación, de una indecisión que nos lleva de un lado para otro sin saber bien hacia dónde ir. En este caso, el aspecto moral o espiritual es el que marca el sueño y lo que debe hacer el soñante es revisar sus actos y los planes que tiene en la vida porque a buen seguro que adolecen de cierta indeterminación.

Vencer

Vencer a un rival o un enemigo indica fortaleza y superioridad para conseguir aquello que nos proponemos por muchos inconvenientes que se presenten. Los monstruos, personas o animales a los que nos podemos enfrentar en un relato onírico no son más que las dificultades que cualquier persona se encuentra en el camino de su vida. Si logramos vencer a aquellos que nos agreden o pretenden matarnos, estaremos ganando terreno y demostrando que contamos con fuerzas suficientes para hacer frente a lo que venga.

Vender

Las ventas están relacionadas con la falta de dinero. Vendemos algo para conseguir dinero a cambio y el sueño puede indicar una falta de liquidez o problemas económicos en general. El sueño que indica lo contrario es el de comprar, pues en ese caso lo que estamos mostrando es una capacidad para adquirir cualquier cosa material porque no tenemos problemas de liquidez.

Si lo que vendemos son objetos personales o cosas a las que tenemos especial cariño, a los problemas económicos deberemos añadir una pérdida afectiva de algún tipo. Por ejemplo, si alguien por una falta de dinero se ve obligado a vender la casa que fue de sus padres, es posible que además de un problema económico se encuentre triste o dolido por tener que desprenderse de algo que es muy querido.

Viajar

Los viajes son sabiduría, y así deben interpretarse los sueños que nos llevan a otros lugares. Si soñamos que emprendemos un viaje que no tenemos previsto es que vamos a acceder a un conocimiento o una información que no sospechábamos y que nos va a enriquecer como personas. En los viajes se gana perspectiva, se conocen otras culturas, otras maneras de entender la vida. Eso es lo que debemos entender de un sueño en el que hay un viaje, que vamos a aprender, que alguien nos va a enseñar una nueva forma de entender las cosas y vamos a ser personas más ricas interiormente.

Para los oniromànticos, soñar con un viaje imprevisto se traduce en la realidad como un viaje imprevisto también. Sería un sueño profético e interpretado al pie de la letra, sin segundas lecturas.

Violación

Cuando el soñante ve que es violado en sus sueños o que intentan violarlo, estaremos hablando de algún temor muy profundo que no halla solución o de una situación en la que el soñante se siente víctima y no puede hacer nada por remediarlo.

La violación es una agresión que atenta contra lo más íntimo de las personas, es como una entrada a la fuerza en todo aquello que es nuestro y de nadie más y por eso protegemos con uñas y dientes. Soñar que alguien rompe esa privacidad, esa intimidad, muestra un temor doloroso a que alguien nos dañe, nos obligue a hacer cosas que no queremos y nos hieran en lo más hondo de nuestro ser.

Ni que decir tiene que aquellas personas que en la vida real han sido víctimas de una violación y tienen este tipo de sueños lo que hacen es revivir aquella situación de angustia que vivieron en la realidad y que su inconsciente trae constantemente durante el relato nocturno porque es un tema todavía no resuelto.

Volar

Es, sin duda, uno de los sueños más recurrentes y que más recuerdan la mayoría de personas que los tienen, incluso aquellas que dicen no recordar con frecuencia sus relatos oníricos.

Es un sueño que se repite y tiene mucha presencia en los niños y los adolescentes. Es un sueño de ganas de libertad, de experiencias, de crecimiento. El que vuela huye de su realidad inmediata de una forma casi mágica, pues las personas no pueden volar. El soñante vuela para transportarse a otro lugar, con otras gentes donde se vive de otra manera. Es un sueño que indica curiosidad.

En los adultos, soñar que se vuela debe interpretarse más como una necesidad de evasión. El adulto que se sueña levantando los brazos y echando a volar quiere, de alguna manera, huir del lugar en el que vive y en el que se siente como en una jaula. Caerse o no, planear o volar con dificultad y otros detalles que puedan observarse en el sueño serán de vital importancia para dar con un significado más certero de lo que el sueño nos dice.

Es frecuente también que el vuelo se produzca a un lugar determinado, puede ser que un lugar que nos lleva a nuestra infancia. En ese caso, el adulto lo que pretende es huir de la responsabilidad de ser mayor y volver a la edad y los lugares en los que no tenía que rendir cuentas sobre nada.

Vomitar

Vomitamos cuando nuestro organismo no acepta algún alimento o hay algún problema que permite una correcta digestión. Dicen los onirocríticos que los sueños relacionados con el aparato digestivo tienen mucho que ver con cosas o situaciones que no hemos «digerido», esto es, asimilado o comprendido.

Soñar que vomitamos es señal de que hay algo que se nos resiste, algo que no hemos aceptado, quizá porque no lo hemos comprendido del todo. Deberemos averiguar de qué se trata y mirar de comprenderlo para no «expulsarlo».

Para otros onirocríticos, el sueño en el que el narrador se ve vomitando es una señal de que no debe aceptar cosas o condiciones que van en contra de sus opiniones porque antes o después tendrá que acabar echándolas o apartándolas de su camino. Es como si el sueño nos dijera que no comamos algo que va a sentarnos mal y no va a quedarse de ninguna manera dentro de nuestro organismo.

4

El idioma de los sueños

No puede dejarse de lado al analizar un relato el idioma en el que se desarrolla y la manera en la que se utiliza. En los sueños el idioma y el hablar tienen una relevancia máxima. Suele llamarnos la atención cuando nos soñamos hablando en un idioma que no es el nuestro. Por ser el detalle más llamativo, vamos a dedicarle una atención especial.

Soñar que se habla en idioma extranjero

Cuando soñamos que hablamos en un idioma que no es el nuestro, los oniromânticos apuntan a un viaje cercano, un desplazamiento a un lugar nuevo en el que vamos a tener que aprender, quizá no un idioma nuevo, pero sí nuevas costumbres y maneras de hacer y proceder diferentes a las nuestras.

Generalmente el soñante se ve o se oye hablando un idioma que en la realidad no conoce o no domina como demuestra en el sueño. Verse a uno mismo desarrollando una habilidad desconocida es interpretado también por algunos onirocríticos como una llamada de atención para que aprovechemos más las posibilidades y aptitudes que tenemos y que no estamos explotando al máximo.

Si por el contrario queremos expresarnos en otro idioma y por más que queremos y lo intentamos, no podemos, el sueño indica que no estamos suficientemente preparados para una tarea que nos han encomendado aunque también es posible que el sueño sólo sea el reflejo de cierta inseguridad del soñante ante un nuevo reto.

No reconocer el idioma en que nos hablan

Si en un sueño no reconocemos el idioma que nos hablan quienes nos rodean, debe interpretarse como una falta de comunicación con nuestro entorno, siempre y cuando el sueño suceda en un escenario conocido o familiar para nosotros. El no entender lo que nos dicen es una manera de sentirnos fuera, de no encajar, de no ser comprendidos.

Si el sueño está claramente ubicado en un país extranjero identificado o no, la interpretación es algo más clara porque lo que refleja nuestro inconsciente con este relato onírico es que nos sentimos marginados, desolados, fuera de contexto y de nuestro entorno social. En este caso, lo que indica el sueño es que nos sentimos de manera parecida a como se siente un extranjero que no conoce las normas, ni el idioma del lugar al que acaba de llegar.

Si a pesar de encontrarnos en un lugar extraño conseguimos hacernos entender, el sentido del relato va dirigido a poner de manifiesto la habilidad del soñante para encajar los cambios y adaptarse con cierta facilidad a las nuevas situaciones que están por venir.

Facilidad para hablar todos los idiomas en un sueño

El soñante que se ve dominando idiomas desconocidos, alternando lenguas y entendiéndose con gentes de todo el mundo pone de relieve en su sueño una gran capacidad para hacerse entender y entender a los demás. En definitiva, una gran habilidad para la comunicación en un sentido muy amplio.

Para aquellos intérpretes que ven en todos los detalles indicios anticipatorios, ven este tipo de sueños como muy simbólicos y que anuncian grandes retos y propósitos para los que ese soñante está destinado. Para los onirománticos, el soñante que desarrolla este tipo de relato onírico está llamado a llevar a cabo grandes empresas y, además, a reportar mucha ayuda a quienes le rodean. Para algunos incluso hay un componente místico y esotérico que nos habla de personas con una gran intuición y sensibilidad que les permite ponerse fácilmente en la piel de los demás (o quizá podríamos decir a entender su idioma, en este caso), primer paso para poder ayudar a otras personas.

5

El tiempo del relato onírico

El eje temporal en el que nos soñamos nos da pistas del significado de nuestro sueño. Si nos vemos de pequeños en un sueño, habrá que entender que nos hemos movido hasta nuestro pasado. Aunque no siempre es así. Ocurre que en ocasiones nos vemos como niños en un tiempo presente y esta combinación cambia por completo el sentido del sueño. Veamos qué relevancia tiene el eje temporal en nuestro particular relato.

Seguramente cualquier persona que recuerde más o menos con frecuencia sus sueños podrá decir lo difícil que es determinar en qué momento histórico o de su propia vida suceden los relatos oníricos de los que es creador.

Son pocos los sueños que transcurren enteros en nuestro pasado y es difícil determinar qué es presente y qué es futuro en un relato onírico. Es, quizá, uno de los elementos más complicados de analizar puesto que si tuviéramos muy claro a qué momento de nuestra vida se refiere el sueño, descifrar su significado o su poder profético sería mucho más fácil. Aunque quizá también mucho menos interesante.

Como ya se ha comentado anteriormente en otros apartados, los sueños que transcurren en nuestro pasado, en escenarios o situaciones que ya conocemos o al menos nos resultan familiares, pueden hablarnos de cierta nostalgia, de una huida de la realidad actual o de alguna cuenta pendiente de ese período soñado que están sin saldar.

Al hacernos adultos es normal soñar en algún momento que de golpe somos niños otra vez. También es frecuente soñarnos en situaciones propias de los niños (ir al colegio, jugar en un parque) pero siendo adultos. En el primer caso, podemos estar hablando de un simple sueño nostálgico en el que recordamos algún hecho especialmente positivo de nuestra niñez, o algún lugar o persona de la que tenemos un grato recuerdo.

En el segundo caso, lo más probable es que ese relato lo hayamos construido para huir de nuestra realidad de adultos, llena de responsabilidades y situaciones complicadas en las que nadie responde por nosotros, ni nos protege. En este caso, el sueño es una huida, un regreso a un pasado ya conocido y en el que éramos menores por los que daban la cara los mayores que les protegían.

Si el sueño es recurrente y si además, se convierte en pesadilla, debemos tener en cuenta qué elementos, personas o acciones concurren en él porque es un aviso claro de nuestro inconsciente que nos retrotrae a un pasado en el que dejamos algo sin solucionar que nos pesa en nuestra vida presente y de lo que no nos vamos a desprender hasta que no lo resolvamos.

Soñar con el presente es muy normal y suelen ser los sueños más habituales. Puede ocurrir que no sepamos con certeza si ese sueño sucede en el momento actual pero lo que sí tenemos claro es que no es el pasado y tampoco sabemos qué es lo que va a suceder, por tanto, tampoco ocurre en el futuro.

Los sueños que se ubican en el presente suelen estar relacionados con cuestiones que nos preocupan u ocupan en nuestra vida cotidiana. No suelen hablarnos de rémoras que arrastramos sino que suelen ser pautas sobre cosas que nos suceden a lo largo del día o algún asunto que requiere de nuestra atención en los últimos tiempos.

Es complicado determinar si el sueño se desarrolla completamente en el presente porque muchas veces aparecen personas o escenarios del pasado aunque sabemos o notamos perfectamente que no hemos vuelto atrás. El tiempo en los relatos oníricos no es ordenado ni estable. Es como si los sueños fueran relatos de tipo surrealista o fantástico. Precisamente, los surrealistas dieron una gran importancia al mundo onírico donde las cosas no son lo que parecen a simple vista y los significados deben buscarse más allá de lo que se ve.

Los sueños que suceden en el futuro son más raros. Son pocos los soñantes que construyen este tipo de relato onírico que la mayoría de las veces no tiene que ver con el futuro que realmente nos espera. Además, la mayoría de estos sueños están relacionados con un futuro colectivo más que con el del propio soñante y suelen ser sueños que anuncian una catástrofe o un orden mundial muy distinto del que existe en la realidad.

Soñarse a uno mismo más mayor de lo que es o en una situación en la que vemos claramente que han pasado los años, no es un relato muy frecuente y debe interpretarse como una proyección, como un deseo de ser de una u otra manera o de conseguir ciertas cosas. Si nos vemos felices y triunfantes, buscamos en el sueño la confirmación de aquello que queremos ser. Si sucede todo lo contrario, son los temores que tenemos acerca de nuestro porvenir y de la persona en la que nos queremos convertir y no sabemos si conseguiremos ser.

Sería lógico pensar que si los sueños tuvieran una función adivinatoria muy clara, tendríamos más sueños relacionados con un futuro que se identificaría sin problemas. No es que no haya casos de soñantes con una capacidad asombrosa para adelantar acontecimientos a través de la interpretación de sus relatos oníricos, pero tal como se conforman los sueños, ese poder adivinatorio es más bien una anticipación, algo a lo que nos adelantamos porque durante la vigilia hemos recopilado información suficiente para llegar a una conclusión más o menos acertada. Hay personas con una intuición y una habilidad muy especiales para unir todos los detalles informativos de un sueño y sacar una conclusión bastante clara de lo que nos está diciendo el sueño, tarea nada fácil como hemos ido viendo a lo largo de este libro.

6

El narrador

Es un tema complicado de explicar en relación a este tema pero altamente sugerente y simbólico. A veces el que sueña no se ve y es protagonista de todo lo que pasa. Otras veces ve lo que sucede «desde fuera», como si ni siquiera tuviera capacidad para cambiar las cosas. En otras ocasiones, el soñador es consciente de que sueña y de que nada de lo que pasa es real y eso condiciona su actitud en el sueño hasta el punto de que puede decidir despertarse si no le gusta el rumbo que toman los acontecimientos.

En este apartado lo que debe quedar claro es que sea del tipo que sea el narrador, siempre es creador, siempre será el dramaturgo que hace de su obra lo que quiere o lo que su inconsciente le dicta. Podría verse el narrador como el autor de una obra de teatro, influenciado en mayor o menor medida por un productor que es el que al final realmente manda. Ese productor no es otro que nuestro inconsciente, ese creador que trabaja según su propia voluntad y que nadie puede controlar.

Hemos hablado en algún momento de este libro de los sueños lúcidos, esos en los que podemos controlar lo que sucede y nuestra angustia, ya que somos perfectamente conscientes de que todo es un sueño. Hablaríamos en este caso de un narrador omnisciente, como en literatura, un narrador que aunque no lo sepa todo, todo lo controla. El soñante-dramaturgo hace y deshace a voluntad e incluso puede detener el sueño porque además de creador es el director de escena. Hay momentos incluso en los que puede retomar un sueño que ha cortado voluntariamente y volver al punto en el que lo dejó. Éste es un hecho asombroso y muy interesante para el que, de momento, ni la psiquiatría ni la neurología han encontrado una respuesta científica.

Los sueños no lúcidos, aquellos en los que no sabemos que estamos soñando, son aquellos en los que el narrador-soñante es creador pero no director de su propia obra. Aquí el inconsciente marca las directrices y nosotros somos creadores-espectadores que no controlamos nada de lo que pasa en ese relato onírico.

Aquellos sueños en los que nos vemos pero no sentimos que estemos en el sueño realmente, nos sitúan en un rol de espectador. Nos estamos viendo actuar pero desde fuera, sin sentir el dolor ni las alegrías de las que nos vemos protagonistas. Ese vernos desde fuera es una herramienta muy útil para saber más sobre nosotros mismos, para hacernos una idea de cómo nos ven los demás, algo muy complicado en la vida real porque no podemos vernos a nosotros mismos mientras protagonizamos nuestra propia vida. En este caso, el sueño sería como vernos en una grabación de vídeo, como vernos después de haber sido registrados, con la consiguiente extrañeza que siempre causa verse a uno mismo tal como lo ven los demás desde fuera.

Sea cual sea nuestro papel dentro del relato, lo que sí está claro es que hay una función que no delegamos nunca: la de crear. Aunque el inconsciente sea el que elija el tema y el control que vamos a tener sobre la historia narrada, nosotros creamos y proyectamos aquellas cosas que nos preocupan o deseamos en nuestros sueños. El inconsciente, aunque caprichoso y autónomo, no deja de ser una parte de nosotros de difícil control que no hace más que liberar aspectos de nuestra personalidad que tenemos sujetos a multitud de normas y convenciones.

7

Algunas pautas para la comprensión de los sueños

Hemos visto a lo largo de este libro la dificultad que entraña comprender los mensajes que nos dictan los sueños. Hemos insistido en una serie de aspectos que son muy importantes para no convertir cada sueño en una profecía, ni tampoco quitarle toda la importancia que entrañan por la cantidad de información que sobre nosotros mismos nos proporcionan. A continuación, se exponen unas pautas a tener presentes antes de lanzarnos a interpretar o comprender un sueño propio o de otra persona.

1. La explicación física o real siempre debe ser la primera. Ya hemos comentado que la primera interpretación debemos buscarla en la realidad. Así, si en sueños se nos cae un diente y estamos a la espera de una extracción de muelas, o nos fuimos a dormir con dolor en la boca, deberemos interpretar primero que el sueño sólo está reflejando un malestar que nuestro cuerpo no olvida aunque estemos durmiendo y que nuestra cabeza recrea durante el sueño. Lo mismo ocurre con los hechos que nos ocupan despiertos. Así, si estamos pendientes de un pago que no llega en la vida real y en sueños nos vemos arruinados, no debemos pensar que acabaremos en la bancarrota, sino que nuestro inconsciente manifiesta un temor a que ese cheque no llegue nunca.

2. Es imprescindible conocer al soñante. No se trata de saber todos los detalles de la vida de una persona, pero conocer un poco su personalidad y su historia son cosas vitales para dar una mejor interpretación a sus sueños. Quizá por ese motivo el mejor intérprete de sueños es uno mismo aunque exista la dificultad añadida de tener que salir un poco de nosotros para ver más claro, algo que no todo el mundo puede conseguir.

3. Un sueño aislado no es suficiente. A veces nos empeñamos en dar un sentido completo a un solo relato que además suele ser fragmentado. Ya se ha hablado de la importancia de ver los sueños que preceden y suceden a uno que nos ha marcado especialmente. Puede que recordemos un sueño simplemente por un elemento que nos ha llamado mucho la atención pero que sea más rico en símbolo el que tuvimos la noche anterior o la siguiente a ese sueño. Seguir una cadena de sueños es la manera ideal de dar un sentido a los elementos que vemos en ellos. Muchos onirocríticos recomiendan a las personas que están interesadas en analizar sus sueños que hagan una especie de diario donde apunten aquellas cosas que más les hayan llamado la atención. Los elementos que se han marcado en este libro pueden ser una buena guía. Así, se puede ir contestando a los apartados de personajes, escenarios, decorado, vestuario, acción, idioma, tiempo y narrador y con esos elementos podemos ir haciendo una composición de las cosas y personas que nos ocupan o preocupan.

4. Relativizar la simbología. Todas las claves que hemos dado de interpretación de los símbolos son orientativas y hemos visto cómo cambian entre culturas y a lo largo de los tiempos. Hemos dado unos significados más o menos consensuados que pueden tener validez en la mayoría de los casos pero que debemos relativizar, en beneficio de la experiencia del soñante. Por ejemplo, se ha hablado de la figura del padre y de la madre como la protección y el cuidado. Sin embargo, un soñante que haya sido maltratado por uno de sus progenitores puede tener un concepto de la paternidad o la maternidad muy distinto. Por eso, debemos enfatizar la experiencia del soñante y sus deseos y temores en detrimento de unos símbolos que, aunque consensuados, son arbitrarios y pueden significar cosas muy distintas para algunas personas.

5. Ser cautos y respetuosos. No se puede ver en cada sueño una profecía y no se pueden hacer afirmaciones tajantes sobre lo que significa un solo sueño. Quizá es algo frustrante no encontrar respuestas claras a nuestro futuro en los relatos que creamos o crean los demás mientras están dormidos, pero si entendemos la comprensión de nuestros sueños como un medio para llegar a conocernos mejor a nosotros mismos, deberemos tener claro que no se trata de un camino fácil, ni con respuestas cerradas al final del mismo. Los que quieran ver sólo qué sucederá en el futuro a través de los sueños, encontrarán respuestas vagas y cierta frustración. En alguna ocasión se pueden intuir cosas que acabarán por suceder y, en ese caso, el soñante habrá alcanzado cierto conocimiento sobre el sentido de sus sueños y una mejor comprensión de sí mismo, que es lo que realmente debe buscar el que le hace preguntas a sus propios sueños. El inconsciente es caprichoso y mezcla a su antojo todo tipo de elementos para que, si queremos, los interpretemos. Pero no da señales claras y directas, sólo da pistas para quien quiera seguirlas sin revelar abiertamente ni sus trucos ni el futuro.

Bibliografía

Biblia de Jerusalén: Ed. Desclée de Brouwer, Bilbao, 1975.

Camargo Marín, César: *Psicoanálisis del sueño profético.* Ed. Aguilar, Madrid, 1929.

Cardano, Gerolamo: *El libro de los sueños. Interpretación sinesiana de todos los géneros de sueños* [Tr. Marciano Villanueva Salas]. Ed. Asociación Española de Neuropsiquiatría, Madrid, 1999.

Cencillo, Luis: *Los sueños y sus verdades. Generación, forma y acierto de los sueños.* Ed. Syntagma DL, Madrid, 2002.

Fromm, Erich: *El lenguaje olvidado. Introducción a la comprensión de sueños, mitos y cuentos de hadas.* Ed. Hachette, Buenos Aires, 1966.

Dennett, Daniel Clement: *¿Son experiencias los sueños?* Ed. Instituto de Investigaciones Filosóficas, México DF.

Dodds, E.R.: *Los griegos y lo irracional.* Ed. Alianza, Madrid, 1986.

Eliade, Mircea: *Mitos, sueños y misterios* [Tr. Miguel Portillo]. Ed. Kairós, Barcelona, 2001.

Freud, Sigmund: *La interpretación de los sueños.* Ed. Alianza, Madrid, 1966.

Lory, Pierre: *Le Rêve et ses interprétations en islam.* Ed. Michel, París, 2003.

Ogilvie, Robert M.: *Los romanos y sus dioses.* Ed. Alianza, Madrid, 1995.

Plusiers autors: *Les songes et leurs interpretation.* Ed. Du Seuil, París, 1959.